AQA German
ANSWERS & TRANSCRIPTS

A LEVEL
YEAR 2

OXFORD
UNIVERSITY PRESS

OXFORD
UNIVERSITY PRESS

Great Clarendon Street, Oxford, OX2 6DP, United Kingdom

Oxford University Press is a department of the University of Oxford. It furthers the University's objective of excellence in research, scholarship, and education by publishing worldwide. Oxford is a registered trade mark of Oxford University Press in the UK and in certain other countries

British Library Cataloguing in Publication Data
Data available

978-0-19-844601-9

5 7 9 10 8 6

Paper used in the production of this book is a natural, recyclable product made from wood grown in sustainable forests. The manufacturing process conforms to the environmental regulations of the country of origin.

Printed in Great Britain by Ashford Colour Press Ltd., Gosport

Cover photograph: JOHN KELLERMAN/Alamy Stock Photo

Contents

Theme 3: Multiculturalism in German-speaking society

1 Einwanderung

Einführung (pp8–9)

1 Answers will vary.

2 Welche der Wörter (1–10) passen zum Thema ‚Einwanderung'?

1, 3, 6, 8, 10

3a Sind die folgenden Auswirkungen der Einwanderung eher P (positiv) oder N (negativ)?

1 P, 2 N, 3 N, 4 P, 5 N, 6 P

3b Arbeiten Sie in kleinen Gruppen. Welche anderen Auswirkungen der Einwanderung gibt es? Sind sie eher positiv oder negativ?

Suggested answers

eine breitere Kultur (P), Mangel an Wohnungen (N), Druck auf die soziale Sicherung (N), Mangel an Arbeitsplätzen (N), durch Fachkräfte aus dem Ausland können Firmen neue Märkte erschließen (P)

4 Wählen Sie das richtige Verb für jeden Satz.

1 erhalten
2 kamen
3 vermissen
4 verlassen
5 stammen
6 gelten
7 schickten

5 Bringen Sie die Wörter in die richtige Reihenfolge. Jeder Satz soll mit dem unterstrichenen Wort anfangen.

1 Flüchtlinge mussten ihre Heimat verlassen, weil sie dort nicht sicher waren.
2 Menschen, die wegen ihrer Religion verfolgt werden, haben ein Recht auf Schutz.
3 Negative Berichte über die Ausbeutung der Arbeiter sind in der Presse erschienen.
4 Sie haben mich ausgelacht und hinter meinem Rücken komische Zeichen gemacht. / Sie haben hinter meinem Rücken komische Zeichen gemacht und mich ausgelacht.

5 Die Situation hat sich in den letzten Jahren enorm geändert.

1.1 A: Die Gründe für Migration (pp10–11)

1 Arbeiten Sie mit einer Partnerin/einem Partner zusammen. Befragen Sie sich gegenseitig:

Suggested answers

Warum …? schlechte ökonomische Bedingungen im Herkunftsland; Verfolgung; Kriege; Umwelt- und Naturkatastrophen

Welche Probleme …? Sie vermissen ihre Heimat; Schwierigkeiten mit der Sprache und der Kultur; Arbeitslosigkeit; Fremdenfeindlichkeit

2a Lesen Sie den Text. Sind die Aussagen (1–9) R (richtig), F (falsch) oder NA (nicht angegeben)?

1 F (nichts Neues) 2 R 3 R 4 R
5 F (manche Zugewanderte) 6 R 7 NA
8 F (in den alten) 9 R

2b Lesen Sie den Text noch einmal und beantworten Sie die Fragen auf Deutsch.

1 weil es viel mehr Migration als in früheren Jahrhunderten gibt
2 (any four) schlechte ökonomische Bedingungen im Herkunftsland; politische, religiöse oder rassistische Verfolgung; wirtschaftliche Krisen; Kriege; Umwelt- oder Naturkatastrophen
3 die Hoffnung auf ein besseres Leben für sich selbst und die Familie
4 Nein. Es kann auch innerhalb eines Landes geschehen.
5 Menschen, die aus einem anderen Land nach Deutschland eingewandert sind oder deren Eltern es gemacht haben.
6 Nein. 90% wohnen in den alten Bundesländern, 80% in westdeutschen Großstädten.
7 dass Migranten in fast allen sozialen Bereichen benachteiligt sind

2c Answers will vary.

3 Übersetzen Sie die Sätze ins Deutsche.

> **Suggested answers**
>
> 1 Migration ist nichts Neues. Sie existiert seit dem Beginn der menschlichen Geschichte.
>
> 2 Schlechte wirtschaftliche/ökonomische Bedingungen und religiöse Verfolgung sind unter den wichtigsten Ursachen für Migration / gehören zu den wichtigsten Ursachen für Migration.
>
> 3 Viele Einwanderer/Zuwanderer haben deutsche Staatsangehörigkeit durch die Einbürgerung erworben.
>
> 4 Die Geburtenrate unter Menschen mit Migrationshintergrund ist hoch. / Menschen mit Migrationshintergrund weisen eine hohe Geburtenrate auf.
>
> 5 Einwanderer sind in den meisten Bereichen benachteiligt, auch wenn sie lange in Deutschland gelebt haben.

4 Hören Sie sich den Bericht über Zuwanderer und das Gesetz von 2005 an. Füllen Sie die Lücken aus. Sie können mehr als ein Wort benutzen, falls nötig.

1 deutsche Staatsbürger

2 ihr Bildungsabschluss oft nicht anerkannt ist

3 hier Geborenen

4 sie eine andere Sprache haben, und es gibt kulturelle Unterschiede zwischen ihnen und den Deutschen

5 einen Integrationskurs (von 30 Stunden) und einen Sprachkurs (von 600 Stunden) (für Neuzuwanderer)

6 nach bundesweit einheitlichen Standards durchgeführt

Transcript

Interviewerin
— Zuwanderer und das Gesetz von 2005: Martin und Ilka beantworten heute Fragen über die Einwanderung. Erste Frage, woher kommen die meisten Migranten, die nach Deutschland gehen?

Martin
— Die beiden größten Gruppen kommen aus der Türkei und den ehemaligen Ostblockstaaten.

Ilka
— Wie geht es den Aussiedlern aus dem Ostblock?

Martin
— Sie sind meistens gut integriert und in der Regel deutsche Staatsbürger. Nur ist ihr Bildungsabschluss in Deutschland oft nicht anerkannt.

Interviewerin
— Welche Gruppe mit Migrationshintergrund ist besonders gut integriert?

Ilka
— Die hier Geborenen. Sie finden es leichter.

Interviewerin
— Wie geht's den Türken?

Ilka
— Sie sind nicht so gut integriert – vielleicht wegen der Sprache und der kulturellen Unterschiede.

Interviewerin
— Was verspricht das Gesetz von 2005?

Martin
— Einen Integrationskurs von 30 Stunden und einen Sprachkurs von 600 Stunden für Neuzuwanderer.

Interviewerin
— Woher weiß man, dass die beiden Kurse immer nützlich sind?

Ilka
— Sie werden nach bundesweit einheitlichen Standards durchgeführt.

5a Answers will vary.

5b Answers will vary.

1.1 B: Die Gründe für Migration (pp12–13)

1 Arbeiten Sie mit einer Partnerin/einem Partner zusammen. Machen Sie eine Liste von Fragen, die Sie einem Menschen stellen könnten, der seine Heimat soeben verlassen hat. Erfinden Sie einige Antworten auf diese Fragen.

> **Suggested answers**
>
> Warum sind Sie ausgewandert? In meiner Heimat gibt es Krieg und Armut.
>
> Wo wollen Sie ein neues Leben finden? In Deutschland, wenn möglich.
>
> Bleibt der Rest Ihrer Familie zu Hause? Ja, aber ich hoffe, sie werden mir später folgen können.
>
> Was hoffen Sie von nun an? Ein friedliches und angenehmes Leben.
>
> Wovor haben Sie Angst? Dass ich keinen Job kriege und die neue Kultur und Sprache nicht richtig verstehe.

2a Lesen Sie den Text und wählen Sie die fünf Aussagen, die mit dem Sinn des Textes übereinstimmen.

Statements: 1, 3, 7, 8, 9

2b Übersetzen Sie die letzten zwei Abschnitte des Textes (*Oft lässt sich … verbessern zu können.*) ins Englische.

> **Suggested answer**
>
> It is often not exactly clear whether migrants are refugees due to climate or economic reasons, or as a result of poverty or war. It is certain, however, that in future more and more people will leave their home countries, because environmental and living conditions will have permanently changed there.
>
> Via modern forms/means of communication, people learn how attractive life is, or appears to be, in neighbouring countries and, indeed/to an even greater extent, in other parts of the world. Migration is a means of self-help. The less developed one's/your homeland [is], the greater the hope of improving one's/your living conditions by emigrating.

3 Hören Sie sich das Interview mit einer Migrationsexpertin aus dem Jahr 2015 an und wählen Sie jeweils die richtige Antwort.

1 b, 2 c, 3 b, 4 c, 5 b, 6 a

Transcript

Interviewer

— Diese Woche hat der Bundesinnenminister eine frühere Prognose korrigiert, und heute haben wir Frau Müller im Studio, eine Migrationsexpertin, um dies zu diskutieren. Frau Müller, wie viele Flüchtlinge werden dieses Jahr nach Deutschland kommen?

Frau Müller

— Vorher dachte man, dass es im Jahr 2015 450 000 Asylbewerber in Deutschland geben würde. Nun glaubt man, dass fast doppelt so viele Flüchtlinge nach Deutschland kommen werden. Der Bundesinnenminister schätzt, dass die Zahl eher 800 000 sein wird, vielleicht sogar eine Million. Viele Gemeinden werden mehr Unterkünfte, Lebensmittel und Schulplätze als vorausgesehen brauchen.

Interviewer

— Warum steigen die Zahlen so schnell?

Frau Müller

— Es gibt mehrere Gründe. Erstens, eine Flüchtlingsindustrie hat sich seit Ausbruch des Bürgerkrieges in Syrien und dem Erstarken der Terrororganisation ‚Islamischer Staat' im Irak entwickelt. Schlepperbanden bieten den Flüchtlingen eine Überfahrt nach Europa an und profitieren sehr von dem Geschäft. Zweitens, die Probleme in vielen Krisenstaaten verschlechtern sich.

Interviewer

— Warum verlassen viele Einwohner der Balkanstaaten ihre Heimat?

Frau Müller

— Einfach wegen der Wirtschaftskrise. Im Kosovo, zum Beispiel, lebt ein Drittel der Bevölkerung unter der Armutsgrenze und die Arbeitslosigkeit liegt bei 35 Prozent. In Serbien gab es außerdem im letzten Jahr eine Flut, die die Häuser von 32 000 Menschen zerstörte.

Interviewer

— Warum wählen sie Deutschland?

Frau Müller

— Laut Fachleuten sind wohlhabende Staaten, die besonders nah am eigenen Heimatland liegen, besonders beliebt.

4a Finden Sie zwei Beispiele von schwachen Substantiven im vierten Abschnitt des Textes auf Seite 12.

Mensch, Migrant

4b Ergänzen Sie die schwachen Substantive.

1 eines Studenten
2 den Grenzpolizisten
3 Nachbar, Migrant
4 dem Kunden
5 den Franzosen

5 Answers will vary.

1.2 A: Vor- und Nachteile der Einwanderung (pp14–15)

1 Hören Sie sich acht Meinungen über Einwanderer und die Einwanderung an. Sind sie P (positiv), N (negativ) oder PN (positiv und negativ)?

1 P, 2 N, 3 P, 4 N, 5 P, 6 N, 7 PN, 8 N

Transcript

1 Wenn wir Zuwanderung fördern, gibt es mehr Arbeitskräfte, und die brauchen wir.

2 Tja, das Problem ist, dass viele Migranten einreisen, von denen man nicht weiß, wer sie sind.

3 Ich sehe den größten Vorteil darin, dass unsere Kinder durch den Kulturmix mehr Toleranz entwickeln.

4 Was ich über Einwanderung denke? Es ist eben so, dass sie unsere Jobs wegnehmen, oder? Da bin ich überhaupt nicht mit einverstanden!

5 Also, wie ich es sehe, profitiert unser Land wirtschaftlich von Migration.

6 Man muss doch zugeben, dass manche Zuwanderer illegal arbeiten und andere vom Steuerzahler leben.

7 Klar gibt es einerseits komplizierte Probleme und Herausforderungen. Andererseits verhindert Einwanderung eine Überalterung der deutschen Bevölkerung.

8 Was mich beunruhigt, ist, dass einige Menschen sich einfach nicht integrieren und nicht Deutsch lernen wollen.

2a Lesen Sie den Text. Wählen Sie für jeden Abschnitt (1–10) den passenden Titel (a–j).

1 g, 2 e, 3 i, 4 a, 5 j, 6 c, 7 f, 8 h, 9 d, 10 b

2b Lesen Sie den Text noch einmal und füllen Sie die Lücken aus.

1 Überalterung

2 Wissenschaftler/Fachkräfte/Forscher/Akademiker

3 Sozialkassen ein

4 Ärzten/Pflegern

5 verbessert

6 Mehrheit

3 Übersetzen Sie die Sätze ins Deutsche.

Suggested answers

1 Fachkräfte aus anderen Ländern helfen Firmen, wettbewerbsfähiger zu werden.

2 Ausländische (Staats-)Bürger haben einen positiven Einfluss auf den Staatshaushalt.

3 Ärzte und Pfleger unter den Migranten versorgen immer mehr alte Menschen.

4 Traditionelle Einwanderungsländer schneiden regelmäßig gut ab, wenn es um die Gesundheit ihrer Bürger geht.

5 Viele Firmen/Betriebe könnten von einer Lockerung der Beschränkungen in der internationalen Personalbeschaffung profitieren.

4 Besprechen Sie die Statistik mit einer Partnerin/ einem Partner. Dann beantworten Sie die Fragen auf Deutsch.

1 Immer mehr Menschen kommen nach Deutschland.

2 weil es fast zwei Millionen Neuangekommene gibt

3 Possible answers: Nordrhein-Westfalen: weil viele Großstädte in diesem Land sind; Bayern, weil es das erste Land ist, das man vom Süden erreicht

5 Hören Sie sich die Diskussion über die deutsche Flüchtlingspolitik an und beantworten Sie die Fragen auf Deutsch.

1 Sie wollten den armen Menschen helfen und waren auch bereit, die Gesellschaft zu verändern.

2 Die AfD. Sie wies auf die vielen Straftaten hin, die im Zusammenhang mit Asylbewerbern standen. Sie hat(te) Angst vor dem Verlust nationaler Identität.

3 Entweder muss es die Einwanderung besser koordinieren und die Integration ermöglichen, oder es schafft Platz für nationalistische Gruppen.

4 wenn die AfD bei der nächsten Bundestagswahl Erfolg hätte

5 der Mangel an Arbeitsplätzen, Schulplätzen und Unterkünften in einigen Gemeinden sowie die Integration von Menschen mit anderen Sprachen, Sitten und Werten

Transcript

Moderatorin

— Dieter Fink, Sie sind Journalist und Sie schreiben über Politik und Gesellschaft. Wie reagierten die Deutschen auf die eine Million Flüchtlinge, die im Jahr 2015 nach Deutschland kamen?

Herr Fink

— Viele Deutsche wollten den Menschen, die aus dem Elend geflohen sind, unbedingt helfen und im Land willkommen heißen. Sie waren auch bereit, die Gesellschaft zu verändern, um das zu ermöglichen.

Moderatorin

— Haben die Deutschen also die Willkommensgeste von Angela Merkel begrüßt?

Herr Fink

— Nein, die AfD (also, die Alternative für Deutschland Partei) hat es für die Regierung schwer gemacht. Sie wies darauf hin, dass dieses Jahr 3 600 Straftaten im Zusammenhang mit Asylanten standen. 850 Straftaten waren direkt gegen Flüchtlingsunterkünfte und ihre Bewohner gerichtet. Die meisten Mitglieder dieser Partei haben keine Angst vor der wirtschaftlichen Lage, sondern vor dem Verlust nationaler Identität.

Moderatorin

— Wie geht es also weiter?

Herr Fink

— Deutschland steht vor einer Wahl: Entweder muss es die Einwanderung besser koordinieren und in die Integration aller Teile der Bevölkerung investieren. Oder es schafft mehr Platz für nationalistische Gruppen. Der Erfolg der AfD bei der nächsten Bundestagswahl könnte Fortschritte verlangsamen.

Moderatorin

— Können auch Befürworter der Einwanderung kurzfristige Probleme voraussehen?

Herr Fink

— Ja, es gibt zweifellos einen Mangel an Arbeitsplätzen, Schulplätzen und Unterkünften in einigen Gemeinden. Die Integration von Menschen mit anderen Sprachen, Sitten und Werten ist auch nicht immer leicht.

1.2 B: Vor- und Nachteile der Einwanderung (pp16–17)

1 Was sind die Nachteile der Einwanderung? Machen Sie ein Assoziationsdiagramm und vergleichen Sie in der Klasse.

> **Suggested answers**
>
> Überforderung von Schulen und Krankenhäusern; Mangel an Wohnungen; Ausnutzung ungelernter Arbeitskräfte; Ausländerhass; rechtsextreme Einstellungen

2a Lesen Sie den Text. Sind die Sätze R (richtig), F (falsch) oder NA (nicht angegeben)?

1	F (in der Schweiz)	5	R
2	NA	6	NA
3	R	7	R
4	F (zeigten Interesse)	8	F (ist jetzt Chef)

2b Answers will vary.

2c Übersetzen Sie die letzten zwei Abschnitte des Textes (*Als ich … gehen.*) ins Englische.

> **Suggested answer**
>
> When I got home late in the afternoon, I shared my newly-acquired impressions and experiences with my sisters. I told them about the exciting games, which I still didn't completely understand, because some of the rules were still unknown to me, but which had still/nonetheless given me great pleasure.
>
> Meanwhile/Since then, I have come to understand their words and the game, and have created my own play-circle in Switzerland. I have mastered the German language and own my own (car) garage firm in Lucerne. From my playful schooldays, I had learned to go through life playfully.

3 Hören Sie sich das Interview mit einem syrischen Migranten an. Wählen Sie die fünf Aussagen, die mit dem Sinn des Interviews übereinstimmen.

Statements: 2, 4, 5, 6, 8

> **Transcript**
>
> Interviewer
>
> — Mohamed, warum haben Sie Syrien verlassen?
>
> Mohamed
>
> — Wir haben wegen des Krieges in Damascus umziehen müssen. Wir haben anderthalb Jahre in einem Haus mit sieben anderen Familien gewohnt. Es hatte nur drei Zimmer, aber wir haben viel Miete bezahlt. Dort gibt es keine Sicherheit und keine Hoffnung auf Zukunft. Wir waren nicht parteiisch, aber die Regierung brachte uns mitten ins Zentrum des Konflikts. Wir haben uns entschieden, um unserer Kinder willen, nach Europa auszuwandern.
>
> Interviewer
>
> — Warum haben Sie ausgerechnet Deutschland gewählt?
>
> Mohamed
>
> — Ich bin Computerprogrammierer. Hier in Deutschland gibt es mehr Arbeitsmöglichkeiten als in anderen Ländern. Wir wollten ein Land, in dem wir arbeiten können, anstatt uns auf die Sozialhilfe verlassen zu müssen. Ich bin allein ohne meine Familie gekommen. Ich wollte nicht, dass meine Kinder auf dem Schmuggelweg nach Deutschland in Schwierigkeiten geraten.
>
> Interviewer
>
> — Und haben Sie schon Arbeit gefunden?
>
> Mohamed
>
> — Ja, aber es war schwerer als erwartet. So viele Leute bewerben sich um jede Stelle. Und meinen Bildungsabschluss hat man hier nicht richtig anerkannt. Irgendwo muss man doch anfangen – hoffentlich finde ich später etwas Besseres.

4 Finden Sie die Adjektivphrasen in den Sätzen und übersetzen Sie sie ins Englische.

> **Suggested answers**
>
> 1 in sich gekehrten Land – a country which has turned in on itself
>
> 2 in den Arbeitsmarkt integrierbaren Zuwanderer – immigrants who can be integrated into the work/job market
>
> 3 zum Christentum konvertierte Flüchtlinge – refugees who have converted to Christianity

5 Answers will vary.

6 Answers will vary.

1.3 A: Migrationspolitik (pp18–19)

1 Answers will vary.

2a **Lesen Sie den Text und korrigieren Sie die Fehler in den Sätzen unten.**

1 Ökonomen sind sich über die wirtschaftlichen Wirkungen von Migration einig.

2 Die deutsche Bevölkerung wird älter.

3 Man möchte Druck auf die öffentlichen Haushalte vermeiden.

4 Es ist nicht dringend, dass man sofort handelt, um die Politik zu ändern.

5 Das Qualifikationsniveau der Neuangekommenen steigt.

6 16 Prozent der Einwohner hatten in den neunziger Jahren einen Hochschulabschluss. / 39 Prozent der Neuzuwanderer im Alter zwischen 25 und 64 Jahren hatten 2013 einen Hochschulabschluss.

7 Der Anteil der Migranten ohne Berufsausbildung nimmt allmählich ab.

2b **Lesen Sie den Text noch einmal und wählen Sie jeweils die richtige Antwort.**

1 a, 2 b, 3 c, 4 c, 5 a

2c **Übersetzen Sie die Sätze ins Deutsche.**

Suggested answers

1 Zuwanderung belastet nicht unbedingt die öffentlichen Haushalte.

2 Deutschland muss die Herausforderungen einer alternden und schrumpfenden Bevölkerung bewältigen.

3 Die Politik muss auf die Qualifikationen und die Beschäftigungschancen der Einwanderer achten.

4 Der Handlungsbedarf ist nicht so akut, wie es die aktuellen Diskussionen erscheinen lassen.

5 Diese Zahl/Dieser Wert führt zu der Frage, ob diese Politik funktioniert.

2d **Lesen Sie den Text auf Seite 18 noch einmal. Wählen Sie für jeden Abschnitt den wichtigsten Satz und drei wichtige Wörter. Sehen Sie auch die *Strategie* an.**

Suggested answers

Abschnitt 1, erster Satz, Debatte, Migrationspolitik, Ökonomen

Abschnitt 2, zweiter Satz, Herausforderungen, Zuwanderung, integrierbar

Abschnitt 3, letzter Satz, Schlussfolgerung, Qualifikation, Haushalte

Abschnitt 4, erster Satz, Beschäftigungschancen, Handlungsbedarf, Qualifikationsniveau

Abschnitt 5, letzter Satz, Angaben, Quote, Anteil

2e **Übersetzen Sie den dritten Abschnitt (*Auch eine …*), ohne in einem Wörterbuch nachzuschauen. Die *Strategie* hilft Ihnen dabei.**

Suggested answer

A study produced in November also comes to these conclusions. For this investigation, the long-term development of German state finances was calculated for a range of scenarios, which differ(ed) according to the number and qualification of future migrants. The results can be summarised in a concise formula: so that the public purse is not strained/burdened over a long period, future migrants must be on average at least as well qualified as the population now living in Germany.

3a **Hören Sie sich das Radiointerview an und beantworten Sie die Fragen auf Deutsch.**

1 Es ist historisch bekannt und wird durch wirtschaftliche Studien gestützt.

2 mehr als die Bereitstellung öffentlicher Gebäude; man braucht eine kombinierte Asyl-, Flüchtlings- und Einwanderungspolitik und eine kluge Entwicklungspolitik

3 unter Diskriminierung am Arbeitsmarkt; ihre Kinder werden auch in den Schulen nicht ausreichend gefördert

4 Politiker aller Parteien, die in den letzten Jahren regiert haben

5 Sie machen bei der Fernseh-Spendengala für Afrika mit.

6 Sie sollen Fremde als Bereicherung begrüßen und auch als ökonomischen Gewinn.

7 zum Wohle der Migranten und auch zum Wohle ihres Landes

3b Answers will vary.

Moderatorin

— Guten Tag, liebe Zuhörerinnen, liebe Zuhörer. Wir wollen uns heute mit der Migrationspolitik befassen. Ich möchte unserem Studiogast, Herrn Richter vom deutschen Migrationsamt, einige Fragen dazu stellen. Herr Richter, stimmt es, dass Migration sich auszahlt?

Herr Richter

— Ohne Zweifel. Für die Einwanderer, das ist klar, aber auch für das Gastland. Das ist historisch bekannt und wird durch ökonomische Studien gestützt. Dazu muss der Staat freilich etwas tun. Die Politik muss ein Konzept haben, das über die Bereitstellung einiger öffentlicher Gebäude hinausgeht. Es braucht eine kombinierte Asyl-, Flüchtlings- und Einwanderungspolitik – verbunden mit einer klugen Entwicklungspolitik.

Moderatorin

— Wie geht's Migranten in Deutschland eigentlich?

Herr Richter

— Migranten, das hält eine neue Studie des Deutschen Instituts für Wirtschaftsforschung fest, leiden beispielsweise unter systematischer Diskriminierung am Arbeitsmarkt. Ihre Kinder werden in den Schulen nicht ausreichend gefördert. Wer das nicht ändert, macht Flüchtlinge zu einer Belastung, diskreditiert die Zuwanderung und vergibt Chancen.

Moderatorin

— Hat Deutschland keine richtige Willkommenskultur?

Herr Richter

— Nein. Ehrlich gesagt, das ist die Folge eines multiplen Versagens von Politikern all jener Parteien, die in den vergangenen Jahren und Jahrzehnten regiert haben. Politiker sind aber auch nur so gut wie die Menschen, die sie wählen. Das Umdenken muss also bei den Bürgern beginnen.

Moderatorin

— Wie meinen Sie das?

Herr Richter

— Es reicht nicht, bei der Fernseh-Spendengala für Afrika mitzumachen und sich dann zum Schlaf zu betten. Es geht stattdessen um ein anderes, ein offenes Denken. Eines, das, statt sich angstvoll abzuwenden, das Fremde als Bereicherung begrüßt und, ja, auch als ökonomischen Gewinn. Darin waren die Deutschen, man muss es leider sagen, bisher nicht so gut. Sie haben nun die große Chance, es besser zu machen: zum Wohle der Migranten und zum Wohle des eigenen Landes.

Moderatorin

— Wir müssen leider jetzt Schluss machen. Herr Richter, ich danke Ihnen für das Gespräch.

4 Answers will vary.

1.3 B: Migrationspolitik (pp20–21)

1 Answers will vary.

2a **Lesen Sie den Text über die Migrationspolitik der politischen Partei Die Mitte (ehemals die christlichdemokratische Volkspartei (CVP)) in der Schweiz. Wählen Sie dann die fünf Aussagen, die mit dem Sinn des Textes übereinstimmen.**

Statements: 1, 2, 4, 8, 9

2b **Übersetzen Sie den ersten Teil des Textes (*Migrationspolitik*) auf Seite 20 ins Englische.**

> **Suggested answer**
>
> Openness is a strength of Switzerland. The involvement of the Die Mitte party in Bern is directed towards a constructive migration policy. Central to this are immigration in accordance with economic needs, efforts to improve the integration of people with a migrant background as well as a consistent fight against abuses.
>
> This promotes security and solidarity in Switzerland. Moreover, the Die Mitte party is in favour of stronger involvement/commitment in the countries from which asylum-seekers come. That way the situation locally/on the ground improves and mass migration is/migratory movements are contained.

3 **Machen Sie eine Liste von allen Adjektiven im zweiten Teil des Textes (*Dank der Partei Die Mitte*) und erklären Sie jeweils die Endungen, die sie haben.**

neue – neuter ending after definite article

kürzeren – dative plural

attraktiv – no ending, not in front of noun

echter – genitive plural, no article

humanitären – genitive feminine ending after possessive

schutzbedürftige – plural, no article

verfolgte – plural, no article

verbessertes – neuter ending after indefinite article

integrierte – plural, no article

erfolgreichen – genitive feminine ending after indefinite article

4 Hören Sie sich vier Menschen zu, die an einer Umfrage teilnehmen. Sind die Aussagen R (richtig), F (falsch) oder NA (nicht angegeben)?

1	F (nicht attraktiv)	**5**	R
2	NA	**6**	NA
3	R	**7**	F (ist wichtig)
4	F (nicht viele)	**8**	R

Transcript

— Was sind die Hauptfaktoren, die eine deutsche Migrationspolitik beeinflussen sollten?

1 Damit Deutschland als Zielland für Fachkräfte attraktiver wird, vor allem für Nichtakademiker mit gesuchten beruflichen Qualifikationen, muss die Politik weitaus mehr anpacken als das Zuwanderungsrecht. Zu wenige Fachkräfte von außerhalb der EU kommen zu uns. Außerdem sind die Informationen über die Zuwanderungs- und Beschäftigungsmöglichkeiten schlecht.

2 Ein Problem ist die geringe Verbreitung von Deutsch als Fremdsprache. Die Vermittlung der deutschen Sprache und die Vermittlung von beruflichen Qualifikationen und interkulturellen Kompetenzen ist entscheidend, um die Arbeitsmarktchancen zu erhöhen und den Zugang zur deutschen Gesellschaft zu finden.

3 Es gibt im Moment eine unterentwickelte Willkommenskultur. Man muss möglichst schnell mehr in die Einwanderung investieren.

4 Man soll anerkannte Asylbewerber und Flüchtlinge aus humanitären Gründen natürlich aufnehmen. Sonst muss nach wirtschaftlichen Gründen entschieden werden.

5 Answers will vary.

Wiederholung: Zeigen Sie, was Sie gelernt haben! (p22)

1 Lesen Sie die Sätze und wählen Sie die richtige Antwort.

1 b, 2 a, 3 c, 4 a, 5 c, 6 b, 7 a, 8 a

2 Füllen Sie die Lücken aus.

1	ausländische	**5**	Zuwanderern
2	einzahlen	**6**	Gesten
3	lösen	**7**	Sprachkenntnisse
4	Gesetze	**8**	fremd

3 Verbinden Sie die Satzhälften.

1 d, 2 e, 3 f, 4 c, 5 a, 6 b

Wiederholung: Testen Sie sich! (pp23–25)

1a Übersetzen Sie die Sätze ins Deutsche. Benutzen Sie die ersten zwei Abschnitte des Textes zur Hilfe.

Suggested answers

1 Viele sind besorgt, dass Deutschland mit der Öffnung der Grenzen eine Weichenstellung eingeleitet hat.

2 Eine große Einwanderungswelle kann für jede Gesellschaft zunächst problematisch sein.

3 Deutschland ist für sein stabiles Gefüge und seine starke Ordnungsliebe bekannt.

4 Die alte Ordnung wird untergraben, was unser Leben nachhaltig verändert.

5 Soziale Sicherung und das Bildungssystem können durch Zuwanderung unter Druck geraten.

1b Lesen Sie den Text. Sind die Aussagen R (richtig), F (falsch) oder NA (nicht angegeben)?

1	R	**6**	R
2	NA	**7**	NA
3	F (Probleme)	**8**	NA
4	F (übt Druck)	**9**	F (ohne Zuwanderer)
5	R	**10**	R

1c Answers will vary.

2a Lesen Sie den Text und füllen Sie die Lücken mit einem passenden Wort aus der Liste aus.

1	Maßnahmen	**4**	Sprache
2	überfüllten	**5**	aktuellen
3	psychische	**6**	kommen

2b Übersetzen Sie die beiden letzten Abschnitte des Textes (*Psychisch Kranke … Bevölkerung.*) ins Englische.

Suggested answer

The mentally ill can barely be integrated later. / It is extremely hard for mentally ill people to integrate later. They find it hard to learn a new language, don't find a job and remain socially excluded. "Badly traumatised people slip through all the nets," explains Schouler-Ocak, "if we don't catch them and treat them in time. They are hardly able to catch up socially."

According to current studies, up to 50% of refugees suffer from post-traumatic stress disorder. Moreover, PTSD (as the illness is called for short) occurs 20 times more often in refugees than in the native German population, according to the Federal Chamber of Psychotherapists.

2c **Lesen Sie den Text noch einmal und beantworten Sie die Fragen auf Deutsch.**

1 Sie können an Integrationskursen teilnehmen. Fachkräfte können nach drei Monaten als Leiharbeiter tätig werden.

2 weil sie Krieg, Folter und Flucht erlebt haben

3 wenn die Betroffenen keine Therapie bekommen und keine geordneten Lebensumstände haben

4 Die Traumatisierten können Depressionen und Persönlichkeitsveränderungen haben. Sie ziehen sich zurück, können sich nicht konzentrieren und sind manchmal aggressiv.

5 Sie können kaum eine Sprache lernen, finden keinen Beruf und bleiben gesellschaftlich ausgeschlossen.

6 Bis zu 50% leiden darunter, also zwanzigmal so viele wie bei der deutschen Bevölkerung.

3a **Sie hören ein Interview aus dem Jahr 2015 mit einem bayrischen Politiker. Beantworten Sie die Fragen auf Deutsch.**

1 Es wird mehr als vier Milliarden Euro kosten – mehr als die Etats des Wirtschafts-, des Umwelt- und des Gesundheitsministeriums zusammen.

2 Sie kommen aus völlig anderen Kulturkreisen mit anderen Sitten und Werten.

3 Wer sich in Deutschland integrieren will, muss sich der deutschen Lebensweise und Gesellschaftsordnung anpassen.

4 Man soll sie zurückführen.

5 Sie musste an die Weltpolitik denken.

6 170 000

7 Das Volk/Es macht sich Sorgen über Veränderungen.

8 Es sind schon eine Million Flüchtlinge angekommen und es kommen täglich mehr.

3b **Hören Sie sich das Interview noch einmal an und verbinden Sie die Satzhälften.**

1 f, 2 c, 3 d, 4 b, 5 a, 6 e

Transcript

Moderatorin

— Liebe Zuhörerinnen, liebe Zuhörer. Unser Studiogast heute ist Herr Krüger, Vertreter der Landesregierung Bayern. Herr Krüger, haben Flüchtlinge eine finanzielle Krise für Ihr Bundesland verursacht?

Herr Krüger

— Bayern ist finanziell solide aufgestellt. Dennoch ist diese Situation auch für uns eine große Herausforderung. Man kann nicht einfach sagen: „Wir schaffen das" denn es beginnt, auch uns zu überfordern. Wir rechnen für dieses und nächstes Jahr mit Kosten von weit über vier Milliarden Euro nur in Bayern. Das ist mehr als die Etats des Wirtschafts-, des Umwelt- und des Gesundheitsministeriums zusammen.

Moderatorin

— Die meisten Zuwanderer derzeit sind Muslime. Was heißt das eigentlich für deren Integration?

Herr Krüger

— Integration ist jetzt die größte Herausforderung für unser Land. Alles, was im Moment geschieht, wird sich noch 2020 und 2030 auswirken denn wir verändern derzeit die kulturelle Statik des Landes.

Moderatorin

— Inwiefern?

Herr Krüger

— Wenn eine Million Menschen aus einem völlig anderen Kulturkreis mit anderen Werten und Sitten zu uns kommen, importieren wir damit viele Probleme. Für die Integration wird man deswegen klare Linien ziehen müssen.

Moderatorin

— Die da wären?

Herr Krüger

— Wer nicht bereit ist, nach unseren Regeln, Gesetzen und Sitten zu leben, wird dauerhaft bei uns keinen Platz finden können. Wer sich in Deutschland integrieren will, muss sich unserer Lebensweise und unserer Gesellschaftsordnung anpassen. Da haben wir es bisher an der nötigen Deutlichkeit fehlen lassen.

Moderatorin

— Was meinen Sie?

Herr Krüger

— Im Moment erwecken wir den Eindruck, Deutschland könne Zuwanderer in unbegrenzter Zahl aufnehmen. Das ist falsch. Nicht jeder, der auf der Welt unterwegs ist, kann automatisch zu uns kommen. Dazu gehört auch, dass wir Menschen, die sich nicht integrieren lassen, konsequent rückführen.

Moderatorin

— Die Kanzlerin hat gesagt, Asylrecht kenne keine Obergrenze.

Herr Krüger

— Wir waren nicht glücklich über die Entscheidung zur Öffnung der Grenzen. Allein im September sind rund 170 000 Flüchtlinge nach Bayern gekommen. Die Bundeskanzlerin muss natürlich an die Weltpolitik denken. Es ist aber auch wichtig, das eigene Volk im Blick zu haben. Optimismus, etwas zu schaffen, ist das eine. Aber Sorgen über Veränderungen aufzunehmen, das andere.

Moderatorin

— Sorge der Veränderung?

Herr Krüger

— Ich glaube, die meisten Deutschen sind sehr zufrieden mit ihrem Land und wollen, dass sich hier nichts grundlegend ändert. Die Menschen sind tief besorgt. Sie fragen sich, wohin unser Land treibt.

Moderatorin

— Sind Sie auch besorgt?

Herr Krüger

— Ja. Denn wir sind schon mit einer Million Flüchtlingen überfordert, und es kommen täglich mehr. Glaubt wirklich jemand, dass weitere Millionen schulterbar wären, ohne dass dies Auswirkungen auf unser Land hätte?

Moderatorin

— Herr Krüger, ich danke Ihnen für das Gespräch.

4 Answers will vary.

5 Answers will vary.

2 Integration

Einführung (pp28–29)

1 Finden Sie die deutschen Wörter, die den englischen Begriffen entsprechen. Sie kommen alle unter *Wussten Sie schon?* vor.

1	Flüchtlinge	4	Integration
2	Bildungsniveau	5	Zuwanderungsgesetz
3	Gesellschaft	6	Ausbildung

2 Lesen Sie *Wussten Sie schon?* noch einmal und beantworten Sie die Fragen auf Deutsch.

1 durch eine erhöhte Nachfrage an Arbeitskräften/ man braucht mehr Arbeitskräfte

2 für die wirtschaftliche Wettbewerbsfähigkeit

3 vom Bildungsniveau/von ihrer Schulbildung

4 Sie haben das Abitur gemacht.

3 Arbeiten Sie mit einer Partnerin/einem Partner zusammen. Lesen Sie die Begriffe und ordnen Sie sie in zwei Kategorien:

A Sprachkurse, Offenheit, Kenntnis verschiedener Kulturen, politische Rechte, bilinguale

Informationsbroschüren, freiwillige Teilnahme an Kursen, Sportprojekte, gemeinsame Begegnungen

B Vorurteile, Ignoranz, Rassismus, Angst vor allem Fremden, zu viel Bürokratie

4a Answers will vary.

4b Answers will vary.

4c Answers will vary.

2.1 A: Maßnahmen zur Integration (pp30–31)

1 Lesen Sie die Definition des Wortes ‚Integration' und ordnen Sie jedes Beispiel (a–c) einem Bereich (1–3) zu.

1 b, 2 c, 3 a

2a Lesen Sie den Blogeintrag und beantworten Sie die Fragen auf Deutsch.

1 Sie hat in den Nachrichten einen Beitrag darüber gehört.

2 Man soll sich im Alltag zurechtfinden und sich schriftlich und mündlich verständigen können.

3 Man lernt etwas über die demokratische Grundordnung in Deutschland, über die sozialen Leistungen, die verschiedenen politischen Parteien, Religionsfreiheit und die deutsche Geschichte und Kultur.

4 Sie findet sie wichtig, aber es ist noch nicht genug/ man muss noch mehr machen.

5 Sportprojekte oder Projekte, bei denen die Zuwanderer die Einheimischen treffen.

2b Lesen Sie Heikes Blog noch einmal und übersetzen Sie dann diesen Text ins Deutsche.

Suggested answer

Integration erfordert mehr als nur die Zuwanderer und Flüchtlinge vor Obdachlosigkeit und Hunger zu schützen. Um sich in die deutsche Gesellschaft zu integrieren, ist es wichtig, dass man sich im Alltag/ Alltagsleben zurechtfindet/mit dem Alltagsleben zurechtkommt. Daher/Deshalb ist es notwendig/ nötig, die Sprache zu sprechen und (auf) Deutsch schreiben zu können. Wenn man sich jedoch wirklich in einem Land wohlfühlen/zu hause fühlen will, muss man über das politische System, die Parteien und über die Geschichte, die Kultur und die Werte im Allgemeinen Bescheid wissen.

3 **Welche Antwort passt zu welcher Frage?**

1 c (mit + dative; Bruder = masculine)
2 d (aus + dative; Länder = plural)
3 a (accusative; Kurs = masculine)
4 b (accusative; Aufgabe = feminine)

4 **Hören Sie sich die Meinungen von Bex, Nat, Charlotte und Sinol an. Füllen Sie die Lücken mit dem richtigen Wort aus dem Kästchen aus.**

1 Bundesländern
2 Klassen
3 Wohngebieten
4 Wohnungen
5 Arbeitsmarkt

Transcript

Bex

— Also, Nat, was meinst du? Was ist deiner Meinung nach wichtig, dass Integration funktioniert?

Nat

— Das ist wirklich nicht einfach, aber ich habe gehört, dass dieses Jahr ungefähr 150 000 Kinder im Schulalter hierher nach Deutschland geflüchtet sind. Viele sprechen aber überhaupt kein Deutsch und kennen auch die lateinischen Buchstaben nicht. Deshalb finde ich, dass man jedem Kind einen Platz in einer Schule zusichern sollte. Wie ich gelesen habe, haben die meisten Bundesländer extra Deutschklassen für diese Kinder eingerichtet und das finde ich toll, denn erst wenn sie Deutsch lesen und schreiben können, sind sie bereit in die normalen Klassen, also in den Regelunterricht zu gehen. Im Saarland schickt man die Kinder gleich in die normalen Klassen, aber ich glaube nicht, dass das die Integration schneller bewirkt. Glaubst du nicht auch, Charlotte?

Charlotte

— Klar, die Ausbildung ist wichtig, aber zuallererst sollte man genug Wohnungen zur Verfügung haben. Die Notunterkünfte sind oft überfüllt und man lernt die einheimische Bevölkerung nur dann kennen, wenn man sie als Nachbarn hat. Zwar herrscht hier eigentlich kein Wohnungsmangel, es gibt anscheinend über eineinhalb Millionen leerstehende Wohnungen, aber die sind leider nicht in den Städten, in denen es Arbeitsplätze gibt, sondern auf dem Land. Ich würde sagen, wenn die Integration Erfolg haben soll, muss es Wohngebiete geben, wo Zuwanderer, Flüchtlinge und Einheimische zusammenwohnen und zwar in Sozialwohnungen, die sich jeder leisten kann. Was meinst du, Sinol?

Sinol

— Ihr habt recht, aber die Integration in die Arbeits- und Berufswelt ist genauso relevant. Was nützt mir eine Wohnung, wenn ich keine Arbeit finden kann, um die Miete zu zahlen? Asylbewerber müssen zum Beispiel drei Monate warten, bis sie eine Arbeitserlaubnis

von der Ausländerbehörde bekommen. Wenn sie sich um eine Stelle bewerben, wird dann zuerst geprüft, ob es keinen Deutschen oder EU-Bürger gibt, der diese Arbeit machen könnte. Ich finde, dass diese Überprüfung abgeschafft werden sollte, das würde die Integration in den Arbeitsmarkt erleichtern. Bex, du hast noch nichts gesagt?

Bex

— Also, ganz ehrlich, ich würde sagen, ihr habt alle recht, denn Integration bezieht sich auf alle Bereiche, die ihr erwähnt habt.

5a Answers will vary.

5b Answers will vary.

2.1 B: Maßnahmen zur Integration (pp32–33)

1 **Lesen Sie den Text links und wählen Sie die richtige Antwort.**

1 b, 2 a, 3 a

2a **Lesen Sie den Text unten. Sind die Aussagen R (richtig), F (falsch) oder NA (nicht angegeben)?**

1 R
2 F (vor den Dreharbeiten)
3 R
4 NA

2b Answers will vary.

2c **Übersetzen Sie den dritten Abschnitt des Textes (*Flüchtling … identifizieren.*) ins Englische.**

Suggested answer

"Refugee = outsider?" – this is the title of the short film the young people from the town of Frankenthal in Rheinland-Pfalz produced together in order to draw attention to the situation of refugees in Germany and to create more of an understanding among the population. The film is about the refugee boy Ali on his first day at school in a foreign country. Before making the film, the youngsters researched the situation of the refugees in their town and asked many of them questions. And that's why there are interview passages in the film, in which the refugees talk about why they came to Germany and how they were received/welcomed here. Because of this personal connection/link, the young people got to know the refugees better and could identify better with their fate.

3 Hören Sie sich an, was Julia und Franjo, über die Förderung der Integration in Deutschland berichten. Wählen Sie die fünf Aussagen, die mit dem Sinn des Berichts übereinstimmen.

Statements: 1, 3, 4, 5, 7

Transcript

Julia

— Hallo, willkommen zu unserer Sendung „Aktuelles für Leute von heute". Heute geht's um das Thema ‚Integration'. Ich bin die Julia und hier ist Franjo.

Franjo

— Hallo.

Julia

— Wir haben also im Politikunterricht ein Projekt über Integrationsmaßnahmen gemacht und in diesem Zusammenhang habe ich mich über das Projekt ‚Jugend stärken: 1 000 Chancen' informiert.

— Mit diesem Projekt wollen die Wirtschaftsjunioren junge Leute mit Migrationshintergrund fördern, indem sie ihnen Zugang zu einem Ausbildungsplatz oder zum Arbeitsmarkt bieten. Junge Flüchtlinge werden unterstützt, damit sie den Sprung von der Schule ins Arbeitsleben besser schaffen.

— Wie erfolgreich das Projekt ist, zeigt, dass es zu den drei besten Integrationsprojekten in Deutschland gehört.

— Ihr wollt jetzt sicher wissen, wer die Wirtschaftsjunioren sind? Also das sind ungefähr 10 000 junge Unternehmer, Geschäftsführer oder Manager aus verschiedenen Branchen aus ganz Deutschland. Insgesamt sind sie für ca. 300 000 Arbeitsplätze und 40 000 Ausbildungsplätze verantwortlich. Und so vermitteln sie Praktikumsstellen und eben ganz allgemein geben sie den jungen Migranten Hilfe beim Start ins Berufsleben.

— Wie findest du das Projekt, Franjo? Hört sich doch irgendwie gut an, oder?

Franjo

— Ja, schon, echt cool. OK, dann meine Information zum Thema. Ich habe 'mal auf der Webseite der Bundeszentrale für Politische Bildung nachgeguckt und fand, dass da auch ganz schön viel angeboten wird. Da ich mich selbst sehr für Sport begeistere, interessierte mich die Bundesliga Stiftung besonders. Die fördert Projekte im Bereich Sport, Völkerverständigung und Gewaltprävention und setzt sich auf diese Weise für die Integration von Migranten ein und dadurch auch für Toleranz und gegen Diskriminierung.

— Das wäre also auf sportlicher Ebene. Auf mehr politischer Ebene gibt es den Europäischen

Integrationsfond. Der unterstützt Projekte, die sich auf gesellschaftliche Themen beziehen oder das politische System erklären.

— Meiner Meinung nach sind solche Projekte auch nötig, denn wenn man sich in einem Land daheim fühlen will, muss man schon auch wissen, wie die ganze Politik und das Wahlsystem so ablaufen.

4a Answers will vary.

4b Answers will vary.

2.2 A: Hindernisse für die Integration (pp34–35)

1 Answers will vary.

2a Lesen Sie den Text. Sind die Aussagen R (richtig), F (falsch) oder NA (nicht angegeben)?

1 F (nicht genug) 2 R 3 R 4 NA 5 R

2b Übersetzen Sie den zweiten Abschnitt (*Da Bildung … zu helfen.*) ins Englische.

> **Suggested answer**
>
> Since education plays an important part in successful integration, it is necessary for migrant children, particularly those whose parents do not have any qualifications, to get a place in a nursery or a school in which the teachers have been trained to support so that they can support them accordingly. In this regard, homework help offered by schools plays a big role, so that children are not disadvantaged/at a disadvantage when their parents cannot/are not able to help with the homework.

3 Lesen Sie die Sätze und wählen Sie die richtige Antwort.

1 c, 2 b, 3 b, 4 a

4 Answers will vary.

Transcript

Lara

— Wir haben letztens in der Schule darüber diskutiert, wie gut die Integration von Flüchtlingen und Migranten hier bei uns in Deutschland abläuft, und dabei hat sich herausgestellt, dass es noch ziemlich viele Herausforderungen und Hindernisse gibt. Wie ist das bei euch in Österreich, Stefan?

Stefan

— Naja, ich nehme mal an so ähnlich wie in Deutschland. Es ist halt so, dass viele Migranten in Österreich vielleicht schon gute Qualifikationen haben, aber wenn ihre Sprachkenntnisse nicht angemessen sind, bekommen sie dann doch nur Jobs, die eigentlich unter ihrem Niveau liegen. Es gibt da diese *Statistik Austria* und da hab' ich gelesen, dass die Sprachkenntnisse total wichtig seien, wenn die Integration funktionieren soll. Anscheinend hielten sich ungefähr 25% der Migranten in Österreich für überqualifiziert. Ich glaube, die Arbeitslosenquote liegt in Österreich bei Zuwanderern höher als bei Österreichern …

Lara

— Ja, ich würde sagen, es ist hier in Deutschland sehr ähnlich. Sie sind häufiger ohne Arbeit, also erwerbslos und haben auch öfter keinen Schulabschluss.

Stefan

— Genau und dann kommt noch das Problem mit veralteten Qualifikationen dazu.

Lara

— Wie meinst du das?

Stefan

— Also, überleg mal, ein Zuwanderer mit guten Berufsqualifikationen kommt nach Österreich und sucht sich einen Job in seiner Branche. Leider ist aber sein Deutsch noch nicht gut genug oder er spricht gar kein Deutsch. Also muss er erst mal einen Sprachkurs machen und währenddessen arbeitet er vielleicht in einem Lagerhaus. Nach zwei Jahren oder so ist sein Deutsch gut genug, aber seine Qualifikation veraltet.

Lara

— Ja, das ist ein echtes Problem. Vielleicht wäre es besser, wenn es einfacher wäre, die doppelte Staatsbürgerschaft zu beantragen oder jeder sollte nach fünf Jahren oder so die deutsche Staatsangehörigkeit bekommen können. Wenn man wählen kann und so, fühlt man sich doch eher als Teil der Gesellschaft.

Stefan

— Doch, finde ich auch. Da hast du Recht.

5a Answers will vary.

5b Answers will vary.

2.2 B: Hindernisse für die Integration (pp36–37)

1 Answers will vary.

2a **Lesen Sie den Bericht eines Flüchtlings und wählen Sie die vier Aussagen, die mit dem Sinn des Berichts übereinstimmen.**

Statements: 1, 2, 4, 7

2b **Übersetzen Sie den Text ins Deutsche.**

> **Suggested answer**
>
> Nicht jeder Zuwanderer will für immer in Deutschland bleiben. Einige sind hier wegen des Krieges in ihrem eigenen Land/Einige sind hier, weil es in ihrem eigenen Land Krieg gibt, und sie hoffen, so bald wie möglich nach Hause zurückzukehren. Sie sind hier, um Schutz zu finden/Sie sind hier zum Schutz, nicht, um ein neues Leben zu beginnen/anzufangen. Jedoch haben Migranten, die in Deutschland bleiben wollen, oft Probleme, wenn sie eine Arbeit suchen. Entweder, weil sie unterqualifiziert sind oder ihr Deutsch nicht ausreichend/nicht angemessen ist. Ein anderes Hindernis im Prozess der Integration ist die Frage der Nationalität/Staatsbürgerschaft. Es könnte vielleicht die Integration fördern, wenn Migranten die doppelte Staatsbürgerschaft bekommen könnten.

3 **Hören Sie sich die Nachrichtenmeldung über problematische Folgen von Masseneinwanderung an und beantworten Sie die Fragen auf Deutsch.**

1 Nur wenige hatten einen Beruf oder eine Ausbildung, nur 13% hatten einen Universitätsabschluss, nur wenige sprachen Deutsch.

2 Man hat die Gastarbeiter/Migranten in getrennten Unterkünften untergebracht.

3 Ghettos bilden sich und es kann zu Radikalisierung führen/es hindert Integration.

4 Man kann Kontakt aufnehmen und miteinander ins Gespräch kommen, man lernt das deutsche Alltagsleben/den deutschen Alltag kennen.

5 wenn die Regierung, die Einheimischen und die Zuwanderer/Migranten/Flüchtlinge zusammenarbeiten

> **Transcript**
>
> — Willkommen zur Tagesschau. Problematische Folgen der Masseneinwanderung. Es wird geschätzt, dass im Jahr 2015 ungefähr 800 000 Asylbewerber und Flüchtlinge nach Deutschland kamen. Nur wenige von ihnen hatten einen Beruf oder eine

Ausbildung und nur 13% ein abgeschlossenes Universitätsstudium. Außerdem sprachen die meisten kaum oder gar kein Deutsch.

— Diese Tatsachen bedeuten eine riesige Herausforderung für die Integrationsbemühungen der Regierung. Man will die Fehler der 60er Jahre vermeiden, als Gastarbeiter angeworben und hauptsächlich in getrennten Unterkünften untergebracht wurden, da man keine Integration wollte. Man glaubte damals, dass die Gastarbeiter alle wieder in ihre Heimatländer zurückkehren würden. Das war jedoch nicht der Fall.

— Heute will man die sogenannte Ghettobildung vermeiden, denn sie kann durchaus zu Radikalisierung führen. Anscheinend kämen über 1 000 IS-Kämpfer aus Deutschland, also braucht man eine klare Migrations- und Integrationspolitik. Es ist auch zu bedenken, dass die deutsche Wirtschaft Einwanderer braucht. Man weiß, dass es besser ist, Migranten in Wohngegenden unterzubringen, in denen auch Einheimische wohnen. So kann es auch einfacher zu Kontakt und persönlichen Gesprächen kommen. Man lernt den deutschen Alltag besser kennen, und sie bekommen schneller das Gefühl, ein Teil der Gesellschaft zu werden.

— Aber auch die deutsche Bevölkerung muss sich um Offenheit bemühen und ein Interesse zeigen an der Kultur und den Sitten der Länder, aus denen die Flüchtlinge und Migranten kommen. Um die Probleme zu überwinden und die Integrationshindernisse aus dem Weg zu räumen, müssen sowohl die Regierung und die einheimische Bevölkerung als auch die Zuwanderer alle zusammenarbeiten.

4a Answers will vary.

4b Answers will vary.

5 Answers will vary.

2.3 A: Die Erfahrungen verschiedener Migrantengruppen (pp38–39)

1 Answers will vary.

2a **Lesen Sie die Geschichten von Hamid aus Afghanistan und Atena aus Polen. Beantworten Sie die Fragen auf Deutsch.**

1 Als er für eine Zeitung Informationen über die Taliban sammelte, bekam er Drohbriefe und wurde überfallen.

2 Er bezahlte 5 000 Dollar, um nach Griechenland zu kommen, von dort mit dem Zug über Ungarn und Österreich nach Deutschland.

3 in einer Flüchtlingsunterkunft (in Hamburg)

4 Er lernt Deutsch bei freiwilligen Helfern und hat eine Gruppe von Wrestlern kennengelernt, mit denen er trainiert.

5 Sie trennte sich von ihrem Mann und musste plötzlich ihre Angelegenheiten mit Behörden selbst erledigen und für ihre Kinder sorgen.

6 Sie will ihre Erfahrungen an neue Migranten weitergeben/Neuankömmlingen helfen.

2b **Wählen Sie die vier Aussagen, die mit dem Sinn des Berichts übereinstimmen.**

Statements: 2, 3, 5, 6

2c **Übersetzen Sie den zweiten Abschnitt (*Wie schwer … im Umgang mit Behörden.*) ins Englische.**

> **Suggested answer**
>
> Atena Jankowski from Poland also knows how difficult it is to cope/manage without any knowledge of German. She came to Germany 16 years ago with her husband who spoke very good German/spoke German very well. As he dealt with/ managed everything to do with the authorities, she did not need to learn German. Her children learned German at school. However, things became difficult for her when she and her husband separated and all of a sudden she found herself without work, with only a little German and on her own with three children. That was when she started to learn German and today she understands very well how new migrants feel, particularly when dealing with the authorities.

3 **Bringen Sie die Satzteile in die richtige Reihenfolge.**

1 Die Asylanträge werden nicht alle anerkannt.

2 Oft gibt es noch nicht genug Deutschkurse.

3 Die Gesellschaft muss mehr tun, denn viele Flüchtlinge sind noch nicht gut integriert.

4 In einer Studie heißt es, dass die Zielländer von den Zuwanderern profitieren.

4 Answers will vary.

> **Transcript**
>
> — Zuwanderer aus Rumänien haben in Deutschland häufig keinen guten Ruf. Aber warum? Nach Meinung einiger Rumänen seien zum Teil die Medien dafür verantwortlich. Sie berichteten, wenn überhaupt, nur negative Dinge über das Land und seine Einwohner. So seien die Rumänen sogenannte

,Armutszuwanderer', die nur die Sozialbeiträge kassieren wollen.

— Nach einer Studie der Friedrich-Ebert-Stiftung arbeiten jedoch die meisten Zuwanderer aus Rumänien und gehören zu einer der am besten integrierten Ausländergruppen. Die Studie besagt außerdem, dass das Zielland, hier also Deutschland, durchaus von den Migranten profitiert.

— Da besonders Ärzte und IT-Spezialisten gesucht werden, kommen natürlich daher auch besonders viele Krankenschwestern, Krankenpfleger und Ärzte nach Deutschland. Laut einer Statistik kamen im Jahr 2012 die meisten ausländischen Ärzte aus Rumänien, gefolgt von Ärzten aus Griechenland. Was dem deutschen Gesundheitswesen zum Nutzen wird, bedeutet für Rumänien selbst jedoch, dass die Zahl der Ärzte pro 1 000 Einwohner immer mehr zurückgeht.

— Man muss jedoch auch sehen, dass nicht alle Auswanderer aus Rumänien hochqualifiziert sind. Es gibt durchaus Armutszuwanderer, denn viele hoffen auf ein besseres Leben, da Armut ein großes Problem in Rumänien ist. Aber was für Erfahrungen machen sie, wenn sie nach Deutschland kommen? Oft wissen die neu angekommenen Migranten nicht viel über ihre Rechte und bekommen daher oft niedrigere Löhne als deutsche Arbeitnehmer, obwohl ihnen eigentlich mehr zustehen würde. Manchmal bekommen sie Jobs, für die sie überqualifiziert sind.

— Es kann auch vorkommen, dass Arbeitgeber versuchen, Migranten ohne Arbeitsvertrag einzustellen. Auf diese Weise können sie von rücksichtslosen Arbeitgebern leicht ausgenutzt werden. Daher ist es wichtig, sich zu wehren und sich über seine Rechte zu informieren.

5 Answers will vary.

6a Answers will vary.

6b Answers will vary.

2.3 B: Die Erfahrungen verschiedener Migrantengruppen (pp40–41)

1 Answers will vary.

2a Lesen Sie den Auszug aus dem Roman „Selam Berlin". Es geht um den 19-jährigen Hasan Kazan, einen Berliner Türken zur Zeit der Wende. Was passt zusammen?

1 b, 2 d, 3 a, 4 e, 5 c

2b Lesen Sie den Text noch einmal und wählen Sie die richtige Antwort.

1 b, 2 c, 3 b, 4 c

3 Übersetzen Sie den Text ins Deutsche.

Suggested answer

Viele türkische Einwanderer lebten in Westberlin zur Zeit des Mauerfalls/als die Mauer fiel. In der früheren DDR gab es jedoch kaum Zuwanderer. Daher fanden es die Leute schwierig, türkische Namen richtig auszusprechen. Wenn man von West- nach Ostberlin über die Grenze reisen wollte, musste man normalerweise/für gewöhnlich lange warten und es gab Passkontrollen an jedem Grenzübergang. Es war auch nach 1989 noch ungewöhnlich, sich als türkischer Student an der Humboldt-Universität in Ostberlin anzumelden.

4 Hören Sie sich die Erzählung eines Zuwanderers, der in Österreich aufgewachsen ist, an. Füllen Sie die Lücken mit dem richtigen Wort aus dem Kästchen aus.

1 obwohl   4 krank
2 wegzunehmen   5 unterscheidet
3 behandeln

Transcript

— Als Ausländer hatte ich es anfangs schwer in Wien. Zuerst durch meinen ausländischen Namen und dann bin ich auch ein Moslem. Das war auch problematisch, weil meine Religion anders ist. Ich bemühte mich, mich in Österreich anzupassen, aber es ist bis heute nicht gelungen.

— Es heißt ja oft, dass wir Ausländer die Arbeitsplätze wegnehmen. Aber mir wurde sogar mehrmals die Arbeit verweigert wegen meiner Herkunft. Trotz allem habe ich mein Ziel erreicht, nämlich Arzt zu werden und heute bin ich Oberarzt. Trotzdem gibt es Situationen, in denen ich nicht so wie die anderen behandelt werde, trotz meiner Integration.

— Vor kurzem wollte ein Patient sich nicht von mir behandeln lassen, weil er meinte, ich könnte Krankheiten haben! Und als er operiert werden sollte, bestand er darauf, dass ein österreichischer Arzt die Operation durchführen sollte! Aber ich war der zuständige Arzt und erst als seine Frau und Kinder ihn überredeten, willigte er ein. Die Operation war ziemlich lang und kompliziert, aber alles verlief gut und meine Kollegen gratulierten mir und sagten, ich hätte es nicht besser machen können. Aber der Patient hat sich nicht bedankt und wollte weder eine Visite von mir haben noch mit mir reden. Natürlich gibt es auch schlimme Ausländer genau wie Österreicher, trotzdem darf man nicht alle in einen Topf werfen! Nicht alle Mosleme sind

> Extremisten. Man muss unterscheiden zwischen integrierten Moslemen und solchen, die extrem sind. Glaubt mir, es gibt auch gute Moslems.

5a Answers will vary.

5b Answers will vary.

6 Answers will vary.

Wiederholung: Zeigen Sie, was Sie gelernt haben! (p42)

1 Lesen Sie die Sätze und wählen Sie das richtige Wort.

1 welcher
2 welchen
3 welche
4 sein
5 euren
6 ihrer
7 deine

2 Schreiben Sie die Sätze in der indirekten Rede.

1 sprächen ein bisschen Deutsch.
2 arbeitslos seien.
3 gebe zu viele Einwanderer in Deutschland.
4 sei besser, bei dem Integrationsprojekt mitzumachen.
5 habe/hätte nichts gegen Ausländer.
6 hätten sich gern mit den Flüchtlingen unterhalten.
7 aus Syrien sei.

3 Schreiben Sie die Sätze mit der veränderten Wortstellung um.

1 Vor einem Jahr ist dieser jesidische Kurde aus dem Irak nach Deutschland gekommen.
2 Orientierungshilfen für Migranten gibt es nicht nur von den Politikern, sondern auch von den Bürgern.
3 Immer häufiger fragen sich viele Leute, ob die Integrationsmaßnahmen der Regierung angemessen sind.
4 Da sie gelernte Krankenschwester ist, hofft sie, einen Beruf in einem Krankenhaus zu finden.

4 Verbinden Sie die Sätze mit der Konjunktion in Klammern. Es gibt manchmal zwei Möglichkeiten.

1 Viele Flüchtlinge sind arbeitslos, da sie erst nach einiger Zeit arbeiten dürfen. / Da sie erst nach einiger Zeit arbeiten dürfen, sind viele Flüchtlinge arbeitslos.

2 Er ist optimistisch, bald eine Arbeit zu finden, denn er hat gute Deutschkenntnisse.
3 Man muss offen und tolerant sein, wenn man friedlich zusammen leben will. / Wenn man friedlich zusammen leben will, muss man offen und tolerant sein.
4 Sie gehen nicht in den Integrationskurs, obwohl er kostenlos ist. / Obwohl er kostenlos ist, gehen sie nicht in den Integrationskurs.
5 Man sollte Flüchtlinge willkommen heißen, auch wenn oft mehr als erwartet kommen. / Auch wenn oft mehr als erwartet kommen, sollte man Flüchtlinge willkommen heißen.

Wiederholung: Testen Sie sich! (pp43–45)

1 Lesen Sie den Text und beantworten Sie die Fragen auf Deutsch.

1 Die Arbeit nimmt einen sehr hohen Stellenwert ein.
2 Nach zwei Jahren sind 80 Prozent noch arbeitslos und nach zehn Jahren haben 50 Prozent noch keine Arbeit.
3 Man könnte Sanktionen einführen und das Erlernen der Sprache sollte Pflicht sein.
4 Sie bekommen eine Wohnung oder ein Zimmer.
5 Man kann eine einjährige Flüchtlingslehre machen.

2 Übersetzen Sie den Text ins Englische.

> **Suggested answer**
>
> The first Integration law in Germany
>
> This integration law contains many measures which are designed to make things easier and it is thus an important 'milestone' on the way to better integration. In order to improve entry into the job market, the government has promised to create 100,000 one-euro-jobs for refugees. Refugees who already have a training place/apprenticeship are allowed to stay until the end of their training. If the employer then offers the refugee a place, he/she is allowed to stay for another two years. If not, there is a six-month residence permit so that you can look for a suitable job.

3 Answers will vary.

4 Sie hören ein Interview mit Frau Schneider zum Thema ‚Unterricht im Rechtssystem'. Füllen Sie die Lücken mit dem passenden Wort aus.

1 Pilotprojekt
2 Rechtssystem
3 Teilnahme
4 Ansicht
5 Motivation
6 Gleichheit
7 Drohungen
8 Gericht

Transcript

Interviewer

— Frau Schneider, Sie geben zur Zeit Rechtsbildungsunterricht für Flüchtlinge. Wie kamen Sie dazu?

Frau Schneider

— Es handelt sich um ein Pilotprojekt des bayrischen Justizministeriums. Das Ziel ist es, den Flüchtlingen und Migranten die deutsche Demokratie zu erklären, das heißt also das Rechtssystem mit dem Grundgesetz, die Grundprinzipien Gleichheit und Freiheit – wie zum Beispiel die Meinungsfreiheit und Religionsfreiheit. Ich fand die Idee wirklich gut, denn meiner Ansicht nach ist es wichtig, dass die Neuankömmlinge ihre Rechte aber auch ihre Pflichten kennen. Daher habe ich mich entschlossen, auf freiwilliger Basis mitzumachen.

Interviewer

— Das ist ja interessant. Und welche Erfahrungen haben Sie bisher gemacht?

Frau Schneider

— Ich muss sagen, dass alle, die zu diesem Kurs kommen, sehr motiviert und interessiert waren beziehungsweise sind. Das liegt wahrscheinlich daran, dass die Teilnahme an diesem Kurs freiwillig und kostenlos ist. Was mir aufgefallen ist, ist, dass es eigentlich mehr Gemeinsamkeiten zwischen der Rechtssituation in Syrien oder im Irak und der in Deutschland gibt, zumindest wenn es um die Gleichheit zwischen Mann und Frau geht. Ich habe gehört, dass zum Beispiel in Syrien auch Frauen im Parlament sitzen, und Zwangsheirat ist sowohl in Syrien als auch im Irak verboten.

— Letzte Woche sagte ein Migrant, dass er Angst vor Leuten habe, die fremdenfeindlichen Bewegungen wie ‚Pegida' angehören. Das kann ich natürlich verstehen. Ich habe ihm dann erklärt, dass er eine Anzeige stellen kann, wenn er eine Drohung erhält oder wenn jemand zum Hass aufruft und das Gericht wird das dann prüfen.

Interviewer

— Es scheint, dass es manchmal nicht so einfach für Sie ist?

Frau Schneider

— Das ist richtig. Die Migranten und Flüchtlinge haben viele Fragen und die Antworten sind nicht immer einfach. Aber es ist sehr wichtig, offen darüber zu diskutieren.

5 Lesen Sie den Text und wählen Sie die richtige Antwort.

1 c, 2 b, 3 b, 4 a

6 Lesen Sie den Bericht. Übersetzen Sie dann den Text unten ins Deutsche.

Suggested answer

Zuwanderer/Migranten sprechen/erzählen über ihre Erfahrungen

Fahima N ist jetzt 72 und kam im Jahr 1963 mit ihrem Mann nach Deutschland. Ihrer Meinung nach ist Deutsch lernen und eine Arbeit finden am wichtigsten, selbst wenn manche/einige in ihr Heimatland zurückkehren. Sie denkt auch, dass Flüchtlinge nicht so lange warten müssen sollten, bevor sie einen Arbeitsplatz suchen können. Integrationskurse sind nützlich, weil man über das deutsche Alltagsleben lernt und es hilft, wenn man sich zu Hause fühlen will. Aber sie glaubt Migranten müssen geduldig sein, besonders bei der Wohnungssuche/wenn sie eine Wohnung suchen.

7 Answers will vary.

Transcript

— Einer Umfrage der Universität Hamburg zufolge, sei das Zusammenleben von Deutschen und Migranten in Hamburg überwiegend positiv. Danach gaben 92% der deutschstämmigen Hamburger an, gute Erfahrungen im Zusammenleben mit Zuwanderern gemacht zu haben. Und fast 95% finden es gut, dass Migranten und Deutsche in gleichen Stadtteilen lebten. Man scheint also im Allgemeinen gut miteinander auszukommen.

— Und wie sieht es bei den Zuwanderern aus? Sind diese auch so positiv? Fast 100% haben im Freundeskreis gute Erfahrungen mit Deutschen gemacht und 85% bei der Arbeit. Trotzdem hätten alle gern noch mehr Kontakt miteinander und zu anderen Bevölkerungsgruppen.

— Sowohl die Zuwanderer als auch die Deutschen wohnen sehr gern in Hamburg und über 80% fühlen sich in der Hafenstadt im Norden „sehr wohl". Der Umfrage nach lebe nur eine sehr kleine Anzahl an Zuwanderern nicht gern in der Stadt. Doch die Mehrheit der Migranten fühlen sich sogar so wohl, dass sie sich schon fast gar nicht mehr als Migranten fühlten. Insgesamt ist man mit diesen tollen Ergebnissen in Hamburg natürlich sehr zufrieden, denn sie zeigen, dass die Willkommenskultur in der Stadt gut funktioniert.

— Leider gibt es aber auch Bereiche, in denen die Migranten nicht gut behandelt wurden, zum Beispiel fanden 28%, dass sie benachteiligt wurden, als sie eine Wohnung suchten und 29% fanden, dass man sie auf den Behörden nicht sehr freundlich behandelte.

8 Answers will vary.

9 Answers will vary.

3 Rassismus

Einführung (pp48–49)

1 Answers will vary.

2a **Welche sieben Wörter kann man benutzen, um zu zeigen, dass jemand gegen Rassismus ist?**

Inklusivität, multikulturell, Völkerverständigung, Zivilcourage, Toleranz, weltoffen, Menschenwürde

2b Answers will vary.

3 **Lesen Sie *Wussten Sie schon?* und füllen Sie die Lücken mit dem richtigen Wort aus.**

1 ausländerfeindliche   4 Mitglieder
2 Strafdelikte   5 Konzentrationslager
3 verletzt   6 Flüchtlinge

4 Answers will vary.

5 Answers will vary.

3.1 A: Die Opfer des Rassismus (pp50–51)

1 Answers will vary.

2a **Lesen Sie den Text aus dem Jahr 2016 und beantworten Sie die Fragen auf Deutsch.**

1 Es gibt immer mehr rassistische Gewalt.
2 Die Zahl der rassistischen Angriffe ist so hoch wie noch nie in der Geschichte der Bundesrepublik.
3 Der deutsche Staat schützt Flüchtlinge und Menschen aus anderen Kulturen nicht ausreichend vor Diskriminierung und rassistischen Angriffen.
4 Die NSU hat zehn Menschen ermordet.
5 Sie übersahen Hinweise, die auf die Beteiligung rechtsextremer und rassistischer Gruppen schließen ließen.
6 Es gibt dort Rassismus, der institutionell ist.
7 Sie werden als gewöhnliche Delikte eingestuft und untersucht.
8 Das Ausmaß rassistischer Gewalt wird durch Ermittlungsfehler verschleiert.

2b **Übersetzen Sie den ersten Abschnitt des Textes ins Englische.**

> **Suggested answer**
>
> Arson attacks, attacks on refugees and refugee accommodation/homes, threats of violence and intimidation: Germany is experiencing a massive increase in racist violence. People are attacked every day – whether because of the way they look, their religion or other attributes. In 2015, according to official data, refugee shelters were the target of criminal offences more than 1,000 times – five times as often as in the previous year.

3a **Lesen Sie die *Grammatik* und finden Sie alle Relativpronomen im Text (Übung 2).**

die, die, die, der, die, der, das

3b **Übersetzen Sie die Fragen und die Relativsätze unten ins Deutsche.**

1 Wir machen eine Umfrage, warum Migranten nach Deutschland kommen wollen.
2 Das ist die Frau, die Flüchtlingen hilft.
3 Woher kommst du?
4 Wir wohnten in dem Haus, das angegriffen wurde.
5 Ich habe ihn gefragt, bei/mit wem er gewohnt hat, als er in Österreich angekommen ist.
6 Wessen Idee war die Unterstützungsgruppe?

4a **Hören Sie sich das Interview mit Jana Morath vom Bremer Verein Opferhilfe an. Sind die Aussagen R (richtig), F (falsch) oder NA (nicht angegeben)?**

1 NA   2 F (verletzt/verängstigt/traumatisiert sein)
3 NA   4 R   5 R   6 F (ist es wichtig, sofort zum Arzt)
7 R   8 F (Angehörige oder Freunde)

4b Answers will vary.

> **Transcript**
>
> Moderator
>
> — Der Bremer Verein Opferhilfe hilft seit dem Jahr 2000 Opfern rechter Gewalt und rassistischer Angriffe. Jana Morath ist eine der Beraterinnen und sie erklärt hier, wie Opfern rechter Gewalt geholfen werden kann. Frau Morath, wie fühlen sich die Betroffenen direkt nach einem Angriff?
>
> Frau Morath
>
> — Ein Opfer einer rechten oder rassistischen Gewalttat fühlt sich plötzlich aus seinem Alltag gerissen, und ist häufig verletzt und verängstigt – manchmal auch traumatisiert. Zugleich werden sie schnell

mit der Polizei konfrontiert – und davor haben viele Ausländer Angst. Und Familie und Freunde sind auch oft unsicher, wie sie in dieser schwierigen Situation helfen können.

Moderator

— Und was können diese Menschen machen, um zu helfen?

Frau Morath

— Am wichtigsten ist die direkte Unterstützung des Opfers. Angehörige und Freunde sollten die betroffene Person nicht allein lassen und sie überall mithinbegleiten. Und sie sollten herausfinden, wie sich der oder die Betroffene stabilisieren und wohler fühlen kann.

Moderator

— Und was ist, wenn man selbst Opfer geworden ist?

Frau Morath

— Dann sollte man auf jeden Fall versuchen, sich nicht zurückzuziehen, sondern Familie und Freunde um Unterstützung bitten.

Moderator

— Was soll man machen, wenn durch den Angriff körperliche Verletzungen entstanden sind?

Frau Morath

— Dann ist es wichtig, sofort zum Arzt oder ins Krankenhaus zu gehen – auch dann, wenn die Verletzungen zunächst nicht schlimm erscheinen. Die Ärzte nehmen dann alle Verletzungen in einem ärztlichen Attest auf und machen auch Fotografien von den Verletzungen.

Moderator

— Und was können Betroffene noch tun?

Frau Morath

— Sie sollten auf jeden Fall eine Strafanzeige stellen. Wenn die Polizei bereits zum Tatort gerufen wurde, hat sie schon dort die Personalien der anwesenden Personen aufgenommen und erste Gespräche geführt. Bereits in dieser Situation kann eine Anzeige aufgenommen werden. Aber sie kann auch noch später gestellt werden. Man kann sich bei der Anzeigenstellung durch Angehörige oder Freunde zur Polizei begleiten lassen. Personen, die nicht genug Deutsch sprechen, bekommen von der Polizei einen kostenlosen Dolmetscher.

Moderator

— Frau Morath, vielen Dank für das Gespräch.

5 Answers will vary.

3.1 B: Die Opfer des Rassismus (pp52–53)

1 Answers will vary.

2 **Lesen Sie den Text und wählen Sie die vier Aussagen, die mit dem Sinn des Textes übereinstimmen.**

Statements: 1, 4, 7, 8

3 **Hören Sie sich das Interview mit Özlem und Yasir an und wählen Sie die richtige Antwort.**

1 b, 2 c, 3 b, 4 b, 5 c, 6 a

Transcript

Özlem

— Hallo, ich heiße Özlem und bin 17 Jahre alt. Ich bin in Deutschland geboren, und ich bin Muslimin. Meine Eltern kommen beide aus der Türkei.

Yasir

— Mein Name ist Yasir. Ich bin 18 und ich bin vor sechs Jahren als Flüchtling aus Afghanistan nach Deutschland gekommen.

Interviewerin

— Özlem und Yasir, wart ihr schon mal Opfer von Rassismus – und rassistischen Angriffen?

Özlem

— Ja. Rassismus im Alltag erlebe ich täglich. Ich trage ja den Hijab, und seit zwei Jahren oder so werde ich zum Beispiel in Geschäften einfach ignoriert – oder die anderen Kunden kommen vor mir dran. Wenn ich dann freundlich „Entschuldigung, ich glaube, ich war zuerst" sage, tut man so, als ob man mich nicht hört. Oder man sagt etwas im Flüsterton gegen Ausländer, als ob ich nichts verstehen würde. Das ist total ätzend, aber ich hab' dann keine Lust, immer wieder zu erklären, dass ich Deutsche bin.

Interviewerin

— Bist du auch schon mal körperlich angegriffen worden?

Özlem

— Ja, ein paar Mal. Und das sind meistens Mädchen oder Frauen, die das machen. Einmal hat mich abends auf dem Weg nach Hause einer Gruppe Teenagermädchen verfolgt, die mit Steinen und Abfall nach mir geworfen haben – und mich beleidigt haben. Das hat mich ganz schön mitgenommen. Gott sei Dank kam dann ein älterer Herr – er hat den Mädchen mit der Polizei gedroht und sie sind weggelaufen. Und im Sommer war ich im Park, ich saß auf einer Parkbank und las ein Buch.

Da ging eine junge Frau an mir vorbei, stoppte und schrie plötzlich: „Na, liest du den Koran, du IS-Braut? Verschwinde von hier!"

Interviewerin

— Und was hast du gemacht?

Özlem

— Also, ich hatte richtig Angst, und ich fand das sehr demütigend. Ich bin einfach weggerannt. Meine Mutter geht gar nicht mehr aus dem Haus, weil sie Angst hat, dass ihr so etwas passiert. Das finde ich am furchtbarsten.

Interviewerin

— Und wie ist das in der Schule?

Özlem

— Also, da läuft's ganz anders. Ich bin voll akzeptiert. Ich bin sogar Klassensprecherin. Meine Klasse macht auch Projekte gegen Fremdenhass.

Interviewerin

— Und du, Yasir?

Yasir

— Also körperlich bin ich bisher nicht richtig attackiert worden, aber oft lassen mich einige spüren, dass ich hier nicht erwünscht bin.

Interviewerin

— Was bedeutet das?

Yasir

— Also, man hat mich schon auf der Straße angepöbelt: „Was willst du denn hier, du blöder Asylant!" und so. Und im Bus und in der Straßenbahn bleibt der Platz neben mir immer frei – so, als ob man Angst vor mir haben muss.

Interviewerin

— Und ist die Situation auch schon mal eskaliert?

Yasir

— Ja, einmal stiegen drei Männer in den Bus und gingen sofort auf mich zu. Sie fingen gleich an, mich zu beleidigen und zu beschimpfen. Das wurde immer schlimmer und ich hatte richtig Angst. An der nächsten Haltestelle bin ich dann sofort ausgestiegen, und einer der drei hat mich noch einmal geschupst, sodass ich fast hingefallen bin.

Interviewerin

— Haben dir die anderen Passagiere nicht geholfen?

Yasir

— Viele drehten sich weg und guckten auf den Boden. Aber ein paar junge Leute sind sofort aufgestanden und haben mir hochgeholfen. Sie haben sich sogar für die Männer entschuldigt – das fand ich schon super.

Interviewerin

— Wie fühlst du dich jeden Tag als Ausländer in Deutschland?

Yasir

— Manchmal möchte ich einfach nur unsichtbar sein und nicht auffallen. Aber ich bin andererseits dankbar, dass ich hier sein kann. Ich möchte studieren und ich hoffe, dass meine Familie nachkommen kann. Vielleicht können wir ja irgendwann wieder nach Afghanistan zurück, aber im Moment fühle ich mich hier trotz des alltäglichen Rassismus einfach sicherer.

4 Lesen Sie die *Strategie* und übersetzen Sie den Text ins Deutsche.

> **Suggested answer**
>
> Mein Name ist Rabi, ich bin 20 Jahre alt und komme aus dem Sudan in Afrika. Ich lebe seit zwei Jahren in Deutschland. In meinem Land gibt es kaum Rassismus und ich bin absolut gegen Gewalt, aber hier bin ich Opfer eines rassistischen Angriffs geworden: Vor einem Jahr wurde ich von einer Gruppe von männlichen Jugendlichen geschlagen. Ich hätte nie erwartet, dass so etwas passieren würde. Die Leute auf der Straße sahen weg, anstatt mir zu helfen. Ich habe viele Deutsche kennengelernt, die weder rassistisch noch intolerant gegenüber Ausländern sind. Trotzdem helfen manche Leute nicht, weil sie auch Angst haben.

5a Answer will vary.

5b Answer will vary.

3.2 A: Die Ursprünge des Rassismus (pp54–55)

1 Answers will vary.

2a Lesen Sie jetzt den Artikel und beantworten Sie die Fragen auf Deutsch.

1 Das Erobern anderer Länder mit dem Ziel, deren Rohstoffe auszunutzen und die Ureinwohner zu unterwerfen.

2 Deutschland begann erst relativ spät mit dem Erobern von Kolonien.

3 Die erste deutsche Kolonie ist 1882 im heutigen Namibia entstanden, wo der Kaufmann Hans Lüderitz aus Bremen Land und Plantagen für 100 Pfund in Gold und 200 Gewehre ‚kaufte'.

4   Sie sahen sie als ‚Kinder', Menschen zwar – aber minderwertig und ohne Bildung, die es zu erziehen galt.

5   Sie brachten den christlichen Glauben in die afrikanischen Dörfer.

6   Sie kämpften gegen brutale Zwangsarbeit, körperliche Gewalt und Versklavung.

7   Sie haben sie in die Wüste getrieben, wo sie verdursteten und verhungerten.

8   Nach dem Ersten Weltkrieg verlor Deutschland mit dem Versailler Vertrag alle seine Kolonien.

2b   Übersetzen Sie den letzten Abschnitt des Textes *(Allein …)* ins Englische.

> **Suggested answer**
>
> In German South-West Africa alone, 25,000 German settlers ruled over 13 million natives. Brutal forced labour, physical violence and enslavement existed daily, which in turn led to counter-violence of the African population. In 1904, this led again and again to an uprising by the Herero and Nama tribes with extremely brutal consequences: three quarters of all Herero people (women, children and men) were driven into the desert by the Germans, where they died from thirst and hunger. The survivors were held captive in concentration camps or had to work as forced labourers/slave labourers for German companies. This has since been regarded as genocide. After the First World War, Germany lost all its colonies in the Treaty of Versailles.

2c   Answers will vary.

3a   Lesen Sie die *Strategie* und finden Sie sechs Wörter im Text (Übung 2a), die dem englischen Gerund entsprechen.

das Erobern, auszunutzen, zu unterwerfen, (mit dem) Einnehmen, das Belehren und Missionieren

3b   Übersetzen Sie die Sätze ins Deutsche.

1   Kolonialismus führte in manchen Fällen zum Versklaven ganzer Nationen/Völker.

2   Missionsgesellschaften kümmerten sich um das Erziehen der Afrikaner.

3   Deutschland begann 1882, Kolonien zu kaufen.

4   Das Vertreiben der Hereros in die Wüste wird als Völkermord betrachtet/angesehen.

5   Deutschland hörte 1918 auf, seine Kolonien zu regieren.

4   Hören Sie sich das Interview mit einer Historikerin an. Wählen Sie die vier Aussagen, die mit dem Sinn des Berichts übereinstimmen.

Statements: 2, 4, 7, 8

Transcript

Interviewerin

—   Frau Köhler, was sind die Ursprünge des Rassismus?

Frau Köhler

—   Das Konzept des Rassismus geht ursprünglich auf die Naturwissenschaft zurück, die im 19. Jahrhundert versuchte, die These von der überlegenen europäischen weißen Rasse wissenschaftlich zu bestätigen.

Interviewerin

—   Damals wurden also die Naturwissenschaften systematisiert?

Frau Köhler

—   Ja, Elemente, Pflanzen, Menschen und Tiere wurden – von Charles Darwin zum Beispiel – in Kategorien aufgeteilt. Und das wurde dann sozusagen Gesetz. Und der weiße Mann war natürlich in dieser Kategorisierung die Nummer eins.

Interviewerin

—   Und davor gab es keinen Rassismus?

Frau Köhler

—   Doch, Rassismus gab es schon lange davor. Im 15. Jahrhundert begannen nämlich europäische Seefahrer, die Weltmeere zu umsegeln und nach neuen Handelswegen zu suchen. Dabei begegneten sie natürlich den dunkelhäutigen Ureinwohnern in Afrika, Asien und Lateinamerika, die für sie so anders waren. Die Europäer sahen sie nicht als Menschen, die die selben Rechte hatten. Darum hatten sie keine Probleme, ihnen ihre wertvollen Rohstoffe (also Gold, Diamanten usw.) zu stehlen – und sie, die Ureinwohner, zu Sklaven zu machen.

Interviewerin

—   Also war Kapitalismus im Prinzip der Grund für diese Kolonialisierung, und die Kolonialisierung konnte durch rassistische Ideen gerechtfertigt werden?

Frau Köhler

—   Ja, auf jeden Fall. Die erste Welt wollte die Reichtümer ihrer Kolonien ausbeuten– egal um welchen Preis. Und da machte es natürlich Sinn, die Ureinwohner als Untermenschen oder Menschen zweiter Klasse einzustufen.

Interviewerin

—   Wenn es um Rassismus im 20. Jahrhundert geht, denken wir natürlich alle an die furchtbare Nazizeit. Aber es gab doch auch in anderen Ländern und Staaten systematischen Rassismus, nicht wahr?

Frau Köhler

—   Ja, da braucht man nur an die Apartheit in den USA und in Südafrika zu denken. Die Segregation –

also die Rassentrennung – war in den Vereinigten Staaten bis 1964 legal – und in Südafrika bis 1990.

Interviewerin

— Und in anderen Ländern Europas?

Frau Köhler

— Also, 100 000 Menschen im ehemaligen Jugoslawien wurden während des Balkankrieges wegen ihrer Volkszugehörigkeit ermordet, denn die regierenden Serben führten eine Kampagne ethnischer Säuberung durch. Das war in den 90er Jahren – auch gar nicht so lange her.

Interviewerin

— Das zeigt also, dass die Ursprünge des Rassismus bis heute wirken …

Frau Köhler

— Ja, leider existiert Rassismus und Rechtsextremismus auch heute noch. Trotzdem ist das Bewusstsein vieler Menschen dagegen geschärft und es gibt auch starke Gegenbewegungen für Toleranz und Akzeptanz. Die Welt ist heute global und damit müssen wir leben und uns arrangieren. Neue Grenzen zu ziehen und Mauern zu bauen sind nicht die Lösung.

Interviewerin

— Frau Köhler, vielen Dank für das Gespräch.

5 Answers will vary.

3.2 B: Die Ursprünge des Rassismus (pp56–57)

1a Answers will vary.

1b Übersetzen Sie das Gedicht ins Englische.

> **Suggested answer**
>
> About some who survived
>
> When the person was pulled out from under the rubble of his bombed-out house, he shook himself off and said 'Never again'. At least/Certainly, not immediately.

2 Hören Sie sich den Radiobericht über die Nazizeit an. Dann lesen Sie die Zusammenfassung unten und füllen Sie die Lücken aus.

1 unterdrückte 4 Krieg
2 Rassen 5 Konzentrationslagern
3 gewalttätigen 6 Juden

Transcript

— Der Begriff ‚Nationalsozialismus' bezeichnet eine Zeit, in der die ‚Nationalsozialistische Deutsche Arbeiterpartei', kurz NSDAP, die einzige Partei in Deutschland war. Sie beherrschte den gesamten Staat. Unter der Führung Adolf Hitlers begann die NSDAP, 1933 in Deutschland eine grausame Herrschaft aufzubauen: Eine Diktatur, die auch als ‚Drittes Reich' bezeichnet wird. Gegner der NSDAP wurden vertrieben, verhaftet und sogar ermordet.

— Für die Nationalsozialisten – also für die Anhänger Adolf Hitlers und seiner Partei – waren die Deutschen eine Rasse, die mehr wert war als alle anderen Menschen. Deshalb wollten die Nationalsozialisten, dass sich die anderen Menschen ihnen unterwarfen.

— Besonders wer andere politische Ansichten hatte oder einer Bevölkerungsgruppe angehörte, die angeblich weniger wert war, wurde verfolgt. Das betraf zum Beispiel Homosexuelle, Behinderte, Sinti und Roma oder sogar Jugendliche, die sich nicht an den Staat anpassen wollten. Ganz besonders hassten Hitler und seine Anhänger die Juden.

— Die Nationalsozialisten, kurz ‚Nazis', begannen, die Juden nach und nach auszugrenzen: Sie riefen zum Beispiel dazu auf, nicht mehr in jüdischen Geschäften einzukaufen. In der Nacht vom 9. auf den 10. November 1938 begannen die organisierten Gewalttaten der Nationalsozialisten: Sie verhafteten Juden, zerstörten ihre Geschäfte und setzten ihre Synagogen in Brand. Diese Nacht wird Reichspogromnacht genannt und gilt als einer der ersten grausamen Höhepunkte in der Verfolgung der Juden in Deutschland. Danach steigerte sich der Rassismus gegen die Juden immer mehr.

— 1939 begann Deutschland unter Adolf Hitlers Führung den Zweiten Weltkrieg. Adolf Hitler ließ seine Truppen in Nachbarländer einmarschieren, um sie zu erobern. In vielen dieser Gebiete errichteten die Nationalsozialisten sogenannte Konzentrationslager, in die sie die Juden brachten, zur Arbeit zwangen und ermordeten. Ähnlich verfolgt und in großer Zahl umgebracht wurden zu dieser Zeit auch andere, von den Nazis für minderwertig erklärte Menschen, wie Polen oder Russen. Diesen Völkermord der Nationalsozialisten, bei dem allein sechs Millionen Juden starben, nennt man ‚Holocaust'.

3a Lesen Sie den Text auf Seite 57. Sind die Aussagen R (richtig), F (falsch) oder NA (nicht angegeben)?

1 R 2 F (schlecht behandelt) 3 NA 4 F (damals oft)
5 NA 6 R 7 F (sendeten Waren) 8 R

3b Lesen Sie die *Grammatik* und finden Sie alle Präsens- und Futurformen im letzten Abschnitt des Textes (*Vietnamesen bildeten …*).

Präsens: erzählt, besitzt, glaubt, herhalten müssen, glaubt, haben;

Futur: wird … ändern, werden … sein, werde … sein

4 Answers will vary.

5a Answers will vary.

5b Answers will vary.

3.3 A: Der Kampf gegen Rassismus (pp58–59)

1a Answers will vary.

1b Übersetzen Sie den Gedichtauszug ins Englische.

> **Suggested answer**
>
> You. Poet in your room. If they order tomorrow that you shall not sing love songs, you shall sing songs of hate, then there is only one thing for it:
>
> Say no!
>
> You. Doctor by the hospital bed. If they order tomorrow that you shall sign the men off as fit for action, then there is only one thing for it:
>
> Say no!
>
> You. Pastor in the pulpit. If they order tomorrow that you shall bless murder and sanctify war, there is only one thing for it:
>
> Say no!
>
> You. Pilot on the airfield. If they order tomorrow that you shall drop bombs and phosphorus over the cities, there is only one thing for it:
>
> Say no!

2a Lesen Sie den Text auf Seite 59. Sind die Aussagen R (richtig), F (falsch) oder NA (nicht angegeben)?

1 R
2 F (auch im süddeutschen Raum sowie in Linz, Salzburg und Wien)
3 NA
4 F (aus konservativ- bürgerlichen Elternhäusern)
5 F (zuerst begeisterte Anhänger der nationalsozialistischen Bewegung)
6 R
7 NA
8 F (zahlreiche Unterstützer sowie ihr Professor)

2b Answers will vary.

3 Hören Sie sich den Bericht an und wählen Sie die richtige Antwort.

1 a, 2 b, 3 a, 4 b, 5 b, 6 a

Transcript

— Die Nazizeit ist das dunkelste Kapitel der deutschen Geschichte. Auch heute fragen sich noch viele, wie es dazu kommen konnte. Hätten die Deutschen nicht mehr Widerstand gegen die Nationalsozialisten leisten können? Und wie sah es in den anderen deutschsprachigen Ländern aus?

— Als die Nazis 1933 an die Macht kamen, wurde die Demokratie abgeschafft und die Menschen hatten immer weniger Rechte. Aber es gab trotzdem mutige Menschen, die sich öffentlich gegen Hitler und das Nazi-Regime auflehnten. Vor 1933 hatte zum Beispiel die kommunistische Partei versucht, den Aufstieg der NSDAP zu verhindern. Auch einige Kirchen wehrten sich gegen die Nazis, doch Hitler ließ nach seiner Machtübernahme die Kampftruppen der SS brutal gegen jeden Widerstand vorgehen.

— Keine Frage: wenn man sich öffentlich gegen Hitler äußerte, konnte das den Tod bedeuten. Trotzdem gab es auch in den Jahren nach 1933 einige besonders mutige Bürger, die gegen Hitler vorgingen, im Untergrund Widerstand leisteten, Menschen in Gefahr halfen und jüdische Mitbürger in ihren eigenen Häusern versteckten. Für viele von ihnen – wie die Mitglieder der ‚Weißen Rose' – bedeutete das tatsächlich den Tod. Dazu gehört auch die Widerstandsgruppe um Claus Graf von Stauffenberg, die am 20. Juli versuchte, Adolf Hitler bei einem Bombenattentat zu töten. Der Anschlag gelang nicht – und Stauffenberg wurde am selben Tag von den Nazis hingerichtet.

— Aber auch in Österreich, das 1938 von Deutschland besetzt wurde, gab es Widerstand gegen das Naziregime. Die wichtigsten Widerstandgruppen waren von der Arbeiterbewegung und dem katholisch-bürgerlichen Lager organisiert. Sie beschränkten sich hauptsächlich darauf, illegale Flugblätter und Zeitschriften zu verteilen.

— Die Schweiz war – und ist – ein neutrales Land und wurde von den Nazis verschont. Insgesamt nahm die Schweiz während der Nazidiktatur 295 381 Flüchtlinge auf. Die meisten von ihnen waren Menschen jüdischen Glaubens, denen durch die Flucht das Leben gerettet wurde. Von der sicheren Schweiz konnten sie in andere Länder auswandern.

4 Answers will vary.

3.3 B: Der Kampf gegen Rassismus (pp60–61)

1 Answers will vary.

2 **Lesen Sie die Texte und beantworten Sie die Fragen auf Deutsch.**

1 Andere Passagiere kamen ihm gleich zur Hilfe und wiesen den Pöbler laut zurecht.

2 Er hielt sofort an und drohte, die Polizei zu rufen, falls der Rassist nicht sofort den Bus verließe.

3 Der Hetzer ist kleinlaut aus dem Bus ausgestiegen.

4 Sie haben einen Bombenanschlag verhindert.

5 Sie riefen sofort bei der Polizei an.

6 Einer von ihnen fuhr sofort mit dem Foto auf seinem Handy zur Polizei, während die anderen beiden den Terroristen überwältigten und mit Elektrokabeln fesselten.

3a **Lesen Sie die _Grammatik_ (Seite 61) und finden Sie drei Beispiele des Konjunktivs im ersten Text in Übung 2.**

seien ihm gleich zur Hilfe gekommen; hätten … zurechtgewiesen; drohten, die Polizei zu rufen, falls der Rassist nicht sofort den Bus verließe.

3b **Übersetzen Sie den Text ins Deutsche. Er enthält drei Beispiele der indirekten Rede.**

> **Suggested answer**
>
> In Nürnberg hat eine 75-jährige Rentnerin eine sechsköpfige Asylfamilie/eine Familie von sechs Asylbewerber aus dem Sudan in ihr Haus/in ihre Wohnung aufgenommen. Die Bedingungen in den Asyllagern seien furchtbar, sagte Hedwig Krenz. „Ich habe nicht viel Platz – aber ich kam vor 70 Jahren als Flüchtling aus dem Osten hier her." Damals habe man ihr geholfen, erklärt sie, und sie wolle etwas zurückgeben: „Das ist nur natürlich!"

4 **Hören Sie sich das Interview über eine Antirassismusdemonstration an. Wählen Sie die vier Aussagen, die mit dem Sinn des Interviews übereinstimmen.**

Statements: 1, 3, 5, 7

> **Transcript**
>
> Moderator
>
> — Am 27. April demonstrierten mehr als 8 000 deutsche Jugendliche in über 20 Städten gegen Rassismus in ihrem Land. Sie gingen an diesem Tag nicht zur Schule oder zur Universität, sondern auf die Straße. Cindy Meiser und Kai Schulte aus Dresden waren zwei der Demonstranten. Erzählt mal – warum habt ihr an dem Protest teilgenommen?
>
> Cindy
>
> — Wir wollten zeigen, dass die deutsche Jugend sich für eine Gesellschaft ohne Krieg, Rassismus, Sexismus und Ausbeutung einsetzt.
>
> Kai
>
> — Ja, und dass wir dagegen sind, dass die deutsche Regierung Menschen in ‚legale' und ‚illegale', ‚einheimische' und ‚ausländische' einteilt. Wir sind alle gleich!
>
> Moderator
>
> — Dresden ist ja in Ostdeutschland, also in den neuen Bundesländern. Glaubt ihr, dass es hier mehr Rassismus gibt?
>
> Cindy
>
> — Ich glaube schon. Sicher findet man überall Rassismus in verschiedenen Formen, und es ist kein rein ostdeutsches Problem. Aber es macht mir wirklich Angst, was ich hier im Osten sehe. Rechtsextreme und fremdenfeindliche Gruppen haben viele Anhänger, und es gibt hier mehr rassistische Gewalttaten als in vielen westlichen Regionen. Wir wollten deshalb ein Zeichen setzen und zeigen, dass wir Dresdener Jugendliche absolut gegen Rechtsextremismus und Fremdenhass sind.
>
> Moderator
>
> — Und wie lief die Demonstration genau?
>
> Kai
>
> — Wir haben uns hier in Dresden um 10 Uhr versammelt. Da waren wir schon ungefähr 400 Demonstranten. Dann gab es einige Reden und dann sind wir zu verschiedenen Schulen losmarschiert.
>
> Cindy
>
> — Ja, wir hatten Plakate und Fahnen …
>
> Kai
>
> — … und wir riefen „Kein Mensch ist illegal – Asylrecht überall!" und „Say it loud, say it clear – refugees are welcome here!"
>
> Moderator
>
> — Und was passierte dann vor den Schulen?
>
> Cindy
>
> — Wir redeten dort persönlich mit den Schülern und Schülerinnen per Mikrofon, um sie davon zu überzeugen, die Klassenzimmer zu verlassen und an der Demonstration teilzunehmen.
>
> Kai
>
> — Ja, und das haben ziemlich viele dann auch gemacht – das war super!

Moderator

— Und haben auch Flüchtlinge am Protest teilgenommen?

Cindy

— Ja klar – vor einer Schule hat der syrische Flüchtling Ali Khalil, der letztes Jahr nach Deutschland gekommen ist, eine kurze Rede gehalten, die uns alle sehr bewegt hat. Er hat gesagt, dass diese Aktion zeige, dass auf jeden Fall die Jugendlichen in Deutschland Solidarität zeigen und helfen wollen, den Flüchtlingen einen Weg aus der Isolation zu zeigen.

5a Lesen Sie das Dokument über Zivilcourage und füllen Sie die Lücken mit dem richtigen Wort aus der Liste aus.

1 angegriffen
2 Reagiere
3 persönlich
4 bedrohte
5 Täter
6 aggressiv
7 Kritisiere
8 Kleidung/Anzeige
9 Polizei

5b Answers will vary.

6 Answers will vary.

Wiederholung: Zeigen Sie, was Sie gelernt haben! (p62)

1 Verbinden Sie die Satzhälften.

1 d, 2 c, 3 f, 4 e, 5 a, 6 b

2 Füllen Sie die Lücken mit dem richtigen Wort aus.

1 Kontrolle
2 Vergangenheit
3 eroberten
4 Rohstoffe
5 minderwertige
6 brutal
7 Unterwerfung
8 Gegengewalt

3 Lesen Sie die Sätze und wählen Sie die richtige Antwort.

1 c, 2 a, 3 a, 4 b, 5 c, 6 b

Wiederholung: Testen Sie sich! (pp63–65)

1a Lesen Sie den Text und wählen Sie die vier Aussagen, die mit dem Sinn des Textes übereinstimmen.

Statements: 2, 3, 5, 6

1b Lesen Sie die Sätze und finden Sie die richtige Antwort.

1 a, 2 c, 3 c, 4 a

1c Answers will vary.

2a Lesen Sie den Text und beantworten Sie die Fragen auf Deutsch.

1 Jeder, der sich ein antirassistisches Motiv tätowieren lässt, bekommt das Tattoo gratis gestochen.
2 Die Aktion findet in seinem ‚Pride & Glory'-Studio in Graz statt.
3 Zu bezahlen sind nur die Materialkosten./Die Materialkosten sind nicht umsonst.
4 Er muss sich ein antirassistisches Motiv stechen lassen wollen, in der in Form von Text und/oder Bild die Thematik eindeutig dargestellt wird.
5 Er kann damit nicht die Welt retten.
6 Er hält es für wichtig, sichtbare Zeichen gegen Rassismus, Diskriminierung und für ein gemeinsames Miteinander zu setzen. Genau da will und kann er mithelfen.

2b Übersetzen Sie die beiden letzten Abschnitte des Textes (*Das Angebot … mithelfen.*) ins Englische.

> **Suggested answer**
>
> However, the offer is only valid for those who want to get an anti-racist tattoo, because Smoltschnik wants to send a clear signal with this action. For him it is not about a specific motif/design; the crucial thing is just that the subject matter is clearly presented in the form of text and/or picture, says Smoltschnik. One customer had a quote from the Charlie Chaplin film *The Great Dictator* tattooed; another example was two people embracing each other – one white and one dark-skinned.
>
> "We will not save the world with tattoos against racism, that is clear (to me). Nevertheless, I believe it is important to send visible signals against racism and discrimination and for integration/interacting with each other. This is exactly where I want to, and can, help."

3a Hören Sie sich einen Radiobericht an. Sind die Aussagen R (richtig), F (falsch) oder NA (nicht angegeben)?

1 NA 2 F (hieß es, dass Flüchtlinge Lebensmittel stehlen würden) 3 F (nicht stimmt) 4R 5 R 6 NA 7 R
8 F (von einem Angriff berichtet)

Transcript

— Es gibt viele Gerüchte um Ausländer und Flüchtlinge – und vor allem dort, wo Ausländer wohnen. Es sind Gerüchte über angebliche Straftaten der 'Fremden'. Das Problem: fast immer sind sie nicht wahr – sie sind frei erfunden und werden gezielt verbreitet, um Stimmung gegen Ausländer zu machen.

— Das erlebte auch der Supermarktbetreiber Michael Wollny aus Bayern. In seinem kleinen Ort hieß es, dass Flüchtlinge in seinem Geschäft Lebensmittel stehlen würden. Irgendwann hatte Michael Wollny genug von diesen Lügen: Er postete auf Facebook eine Klarstellung: „Kurze Antwort von dem, der es wohl am besten weiß, (und das bin ich als Inhaber): Wer dieses Märchen, diese Lüge weitererzählt, der erzählt absoluten Unsinn!"

— Aber eben solche Gerüchte verbreiten sich oftmals rasant. In Erfurt gab es das Gerücht, dass Muslime Ziegen von einem Bauernhof gestohlen haben, um sie nach muslimischer Halal-Art zu töten, eine Lüge. In Mecklenburg-Vorpommern sollen es Pferde aus dem Stall eines berühmten deutschen Reiters gewesen sein, die Flüchtlinge mit Freude gegessen haben, frei erfunden.

— Frei erfunden ist zum Beispiel auch das Gerücht, dass Ausländer den Deutschen Wohnungen 'stehlen'. Auch das stimmt nicht. Der Wohnungsmakler Klaus Mahler aus Berlin hat festgestellt, dass das Gegenteil der Fall ist. Auch Familien aus der Türkei oder Afrika, die schon lange hier wohnen, werden bei der Wohnungssuche diskriminiert: „Tut mir leid, die Wohnung ist schon weg!", hören sie immer wieder. Und viele der Wohnungen, in denen Ausländer wohnen, sind in einem Zustand, der für viele Deutsche nicht akzeptabel ist.

— Doch am schlimmsten sind die Gerüchte um angebliche sexuelle Gewalt und Angriffe gegen deutsche Frauen und junge Mädchen – sei es vom sogenannten 'bösen schwarzen Mann' oder von sogenannten muslimischen 'Frauenhassern'. Natürlich begehen Ausländer und Flüchtlinge auch sexuelle Straftaten – genau wie Deutsche. Aber immer wieder werden Geschichten erfunden, um damit Politik zu machen und Wähler zu gewinnen. So hat zum Beispiel der rechtspopulistische AfD-Politiker Uwe Wappler in einem Interview von einem Angriff von Ausländern auf ein 12-jähriges Mädchen berichtet. Details konnte er allerdings nicht nennen und in einer E-Mail sagte er schließlich, dass seine Darstellung nicht korrekt sei. Den Fall hatte es nämlich gar nicht gegeben. Aber Uwe Wappler behauptet immer noch, dass es dafür aber immer noch viele, viele andere Fälle gibt. Und auch weiterhin werden deutsche Bürger solchen unbegründeten Behauptungen glauben – leider.

3b Lesen Sie die englische Zusammenfassung des Hörtextes und übersetzen Sie sie ins Deutsche.

> **Suggested answer**
>
> Es gibt viele Gerüchte über die kriminellen Aktivitäten von Ausländern, aber viele Beispiele davon sind frei erfunden. Ein Ladenbesitzer in Bayern musste auf sozialen Medien veröffentlichen, dass er in seinem Laden kein Problem mit Asylsuchenden habe. Es gibt auch Gerüchte, dass Pferde und Ziegen gestohlen und gegessen werden. Ein weiteres Gerücht ist, dass Ausländer den Deutschen Wohnungen 'stehlen', aber oft ist das Gegenteil wahr: Ausländer werden immer noch diskriminiert, wenn sie Wohnungen oder Häuser suchen. Die große Gefahr ist nicht nur, dass solche Gerüchte Angst und Hass verbreiten, sondern dass man sie auch für politischen Gewinn ausbeuten kann/dass sie auch für politischen Gewinn ausgebeutet werden können.

4 Answers will vary.

5 Answers will vary.

4 Deutschland und die Europäische Union

Einführung (p68–69)

1 Answers will vary.

2a Lesen Sie *Wussten Sie schon?* und finden Sie die deutschen Wörter, die den englischen Begriffen entsprechen.

1 Amtssprachen
2 der Wirtschaftsraum
3 der freie Handel
4 die Mitgliedsstaaten
5 die Währungsunion
6 der Abgeordnete
7 bevölkerungsreichste
8 die Menschenrechte

2b Lesen Sie *Wussten Sie schon?* noch einmal und beantworten Sie die Fragen auf Deutsch.

1 ungefähr eine halbe Milliarde
2 die Nationalwährung von 19 Mitgliedsstaaten
3 Deutschland ist das bevölkerungsreichste Land.
4 den Friedensnobelpreis
5 EU-Bürger haben Aufenthaltsrecht in anderen Mitgliedsstaaten.

3a Answers will vary.

3b Answers will vary.

3c Answers will vary.

4 Answers will vary.

4.1 A: Die Rolle Deutschlands in Europa (pp70–71)

1 Machen Sie ein Brainstorming in der Klasse. Welche Länder sind Mitglieder der EU?

(at time of going to press) Austria, Belgium, Bulgaria, Croatia, Cyprus, Czechia, Denmark, Estonia, Finland, France, Germany, Greece, Hungary, Ireland, Italy, Latvia, Lithuania, Luxembourg, Malta, Netherlands, Poland, Portugal, Romania, Slovakia, Slovenia, Spain, Sweden.

2 Hören Sie sich das Interview an und wählen Sie die fünf Aussagen, die mit dem Sinn des Interviews übereinstimmen.

Statements: 1, 3, 4, 5, 8

Transcript

Moderatorin

— Guten Morgen, liebe Zuhörer. Zum kommenden Europatag sprechen wir heute mit Herrn Friedrich Meyer von unserem Europa-Ausschuss, der uns die Geschichte der EU erklären wird. Guten Morgen, Herr Meyer.

Herr Meyer

— Guten Morgen.

Moderatorin

— Herr Meyer, wie ist die EU überhaupt zustande gekommen?

Herr Meyer

— Die Wurzeln der EU gehen auf die frühen Nachkriegsjahre zurück, aber das Bündnis hat unter verschiedenen Namen und mit zunehmenden Mitgliedern gearbeitet. Schon 1951 wurde die Europäische Gemeinschaft für Kohle und Stahl gegründet. Die sechs Mitgliedsstaaten waren Deutschland, Frankreich, Italien, Luxemburg, Belgien und die Niederlande.

— Erst sechs Jahre später entwickelte sich dieses Bündnis zur Europäischen Wirtschaftsgemeinschaft, EWG oder EG genannt, mit dem Ziel, einen gemeinsamen Markt zu schaffen, in dem sich Waren, Kapital und Arbeitskräfte frei bewegen konnten.

Moderatorin

— Aber die Union blieb natürlich nicht bei sechs Mitgliedern?

Herr Meyer

— Nein, die erste Erweiterung kam 1973, als drei neue Mitgliedsstaaten, darunter das Vereinigte Königreich, der Gemeinde beitraten. Weitere Staaten folgten bis die Union 1995 fünfzehn Mitglieder hatte.

— In der Zwischenzeit hatte die Gemeinde sich neue Ziele gesetzt. 1992 wurde der Vertrag von Maastricht zur Gründung der Europäischen Union unterschrieben. Der Vertrag plante eine gemeinsame Währung und führte die drei Säulen der EU ein: eine gemeinsame Außen- und Sicherheitspolitik, justizielle Zusammenarbeit und weiterhin die Wirtschaftsgemeinschaft.

— Der Vertrag garantierte auch die vier Freiheiten der EU: den freien Verkehr von Waren, Dienstleistungen, Personal und Kapital.

Moderatorin

— Was waren die Konsequenzen des Vertrags?

Herr Meyer

— In Folge darauf trat im Jahr 1995 das Schengener Abkommen in Kraft. Damit verschwanden die Grenzen zwischen vielen Ländern auf dem europäischen Festland. Und 2002 wurde der Traum einer gemeinsamen Währung Wirklichkeit als der Euro in elf Mitgliedsstaaten eingeführt wurde. 2004 kam dann die große Ostentwicklung mit zehn neuen Mitgliedsstaaten, darunter acht aus Osteuropa.

Moderatorin

— Diese Erweiterung war also von großer Bedeutung?

Herr Meyer

— Ja, sicher. Die Union hatte schon immer das Ziel, Frieden in Europa zu sichern und die Aufnahme der ehemaligen Ostblockländer scheint den Spannungen, die in Europa seit dem Krieg bestehen, ein Ende zu setzen. Aber die Arbeit der Union ist längst nicht vorbei – und die Zukunft soll noch mehr Herausforderungen bringen. Man denkt zum Beispiel an den sogenannten Brexit, für den die Briten 2016 gestimmt haben. Durch solche Entwicklungen wird die Stabilität der Union infrage gestellt.

Moderatorin

— Danke, Herr Meyer.

3a Lesen Sie den Text und finden Sie alle Verben im Perfekt, Imperfekt und Plusquamperfekt.

Perfekt: ist gekommen, hat sich geändert

Imperfekt: war, bedeutete, half, konnten, brachten, war, galt, betraf, kam, kam, war, beschimpften

Plusquamperfekt: hatte verloren, hatte geschaffen, hatte sich erwiesen, hatte gedacht

3b Lesen Sie die ersten zwei Abschnitte des Textes (Seite 70) noch einmal und füllen Sie die Lücken mit dem richtigen Wort aus.

1 größere
2 offensichtlich
3 zusammenarbeiten
4 verändert

3c Lesen Sie den Rest des Textes und beantworten Sie die Fragen auf Deutsch.

1 Die wirtschaftliche Integration der neuen Bundesländer hatte sich als schwieriger als erwartet erwiesen und Deutschland galt damals als der Problemfall Europas, was die Finanzen betraf.
2 mehr als 25%
3 den Euro retten
4 Sie befürchten, nur als Geldquelle der Union angesehen zu werden.
5 dass die EU auf gemeinsamen Werten und Ideen von Zusammenarbeit beruht
6 Deutschland soll als führende Wirtschaftsmacht die Bedingungen in ganz Europa verbessern.

4 Übersetzen Sie die Sätze ins Deutsche.

1 Bis Ende der 80er Jahre hatte Deutschland neue Freundschaften mit seinen europäischen Nachbarn entwickelt.
2 Die wirtschaftliche Macht Deutschlands ist nach der Wende gewachsen.
3 Die politischen Veränderungen brachten viele Schwierigkeiten.
4 Die Integration der DDR erwies sich als finanziell schwierig.
5 Viele Deutsche hatten nie erwartet, dass ihr Land eine führende Rolle in Europa spielt.

5 Answers will vary.

6 Answers will vary.

4.1 B: Die Rolle Deutschlands in Europa (pp72–73)

1 **Arbeiten Sie mit einer Partnerin/einem Partner zusammen. Achten Sie auf folgende Fragen und erstellen Sie jeweils eine Liste:**

Frankreich – Französisch

Belgien – Französisch/Flämisch

Tschechien – Tschechisch

Dänemark – Dänisch

Luxemburg – Deutsch/Französisch/Luxemburgisch

die Niederlande – Niederländisch

Österreich – Deutsch

Polen – Polnisch

die Schweiz – Deutsch/Französisch/Italienisch/Rätoromanisch

2a **Lesen Sie den Text und finden Sie die passenden Synonyme.**

1 Bedeutung
2 sich bezeichnen als
3 die Verpflichtung eingehen
4 sich niederlassen
5 seit kurzem

2b **Lesen Sie den Text noch einmal. Sind die Aussagen R (richtig), F (falsch) oder NA (nicht angegeben)?**

1 R 2 F (bei keinem) 3 R 4 R 5 NA 6 R
7 F (lernen Polnisch als zweite Fremdsprache)
8 F (in Deutschland)

2c **Übersetzen Sie den letzten Abschnitt (*Deshalb nimmt …*) ins Englische.**

Suggested answer

For this reason, the grammar school in Görlitz has recently started to accept Polish pupils and more and more German pupils are learning Polish as their second foreign language. 16-year-old Claudia from Görlitz is positive about the initiative: "I actually did not have much contact with young people from the Polish town. We mostly just went there to buy petrol because it is cheaper." Elena from Zgorzelec hopes to complete a training course in Germany. "My parents are afraid that I will leave Poland," she explains. "But that's what Europe means to me: a future without borders."

3 Answers will vary.

4a **Hören Sie sich das Interview über die Europawoche an, und wählen Sie die richtige Antwort.**

1 a, 2 b, 3 a, 4 c

4b Answers will vary.

Transcript

Interviewer

— Die EU feiert jährlich am 9. Mai ihren Europatag. In Deutschland feiert man in jedem Bundesland eine Europawoche mit verschiedenen Veranstaltungen zum Thema Europa. Dorothea Fischer spricht hier über die Woche bei ihr in Nordrhein-Westfalen. Frau Fischer, was ist der Zweck der Europawoche?

Frau Fischer

— Die Europawoche soll die Leistungen der EU und unsere gemeinsame europäische Identität feiern. Zugleich soll die Woche auch Fragen stellen – wie geht es weiter mit Europa, zum Beispiel. Es ist eine Möglichkeit für uns, uns mit diesen schwierigen Fragen auseinanderzusetzen.

Interviewer

— Was für Aktivitäten gibt es im Rahmen der Europawoche?

Frau Fischer

— Es ist wichtig, eine gute Mischung zu haben. Zum Beispiel, Tagungen und Seminare mit Politikern stehen auf dem Programm, aber auch Kunstausstellungen oder Theaterstücke aus anderen europäischen Ländern. Wir hoffen, dass für jeden etwas dabei ist.

Interviewer

— Gibt es eine Initiative, worauf Sie besonders stolz sind?

Frau Fischer

— Ja, es gibt jedes Jahr einen Wettbewerb zur Europawoche. Schulen, Vereine und Organisationen bewerben sich um Geld für Förderprojekte zum Thema Europa. Letztes Jahr wurden 45 Projekte ausgewählt und eine gesamte Summe von rund 72 000 Euro wurde ausgegeben.

Interviewer

— Was für Projekte gibt es?

Frau Fischer

— Es gibt Unterschiedliches. Eine Gesamtschule wollte zum Beispiel Theaterworkshops für Flüchtlingskinder organisieren. Eine andere Gruppe wollte ein europäisches Filmfest organisieren und brauchte ein bisschen Geld, um die Kosten zu decken.

Interviewer

— Warum finden Sie diese Initiative besonders beeindruckend?

Frau Fischer

— Das Tolle daran ist, dass die Projekte das Engagement der Bürger zeigen. Sie sind nicht von Politikern oder großen Konzernen organisiert, sondern von Menschen, die das Leben in ihrem näheren Umfeld positiv beeinflussen wollen – ob in ihrer Straße, ihrer Schule oder ihrer Stadt. Die Projekte spiegeln europäische Zusammenarbeit wider, und ich finde das schon imponierend.

Interviewer

— Danke, Frau Fischer.

5 Answers will vary.

4.2 A: Vor- und Nachteile der EU für Deutschland (pp74–75)

1 Answers will vary.

2a Was hat die EU den Bürgern gebracht? Lesen Sie die fünf Abschnitte und entscheiden Sie, welcher Titel (1–5) zu welchem Absatz (A–E) passt.

1 B, 2 E, 3 C, 4 A, 5 D

2b Answers will vary.

2c Lesen Sie die Abschnitte A–E noch einmal. Sind die Aussagen R (richtig), F (falsch) oder NA (nicht angegeben)?

1 R 2 F (oft) 3 NA 4 R 5 F (weniger)

2d Übersetzen Sie Abschnitt D ins Englische.

Suggested answer

Everyone finds it completely normal that not only German products are on offer in the supermarket. Spanish wine, French cheese and Polish sausages are on the shelf. It is up to the customers to choose. / Customers have (the) choice. At the same time, they can rely on the fact that German food standards also apply to products from other European countries. Customers are also pleased that there are no import taxes which artificially raise the price of foreign food/make foreign food more expensive.

3a Lesen Sie die *Grammatik*. Finden Sie Beispiele in den Abschnitten auf Seite 74, die *da* + eine Präposition vor einem Infinitivsatz oder einem Nebensatz mit *dass* benutzen.

Länder müssen sich daran gewöhnen, Kompromisse einzugehen

Dabei können sie sich darauf verlassen, dass …

Kunden freuen sich darüber, dass …

Man ärgert sich darüber, dass …

… man soll darauf achten, dass …

3b Answers will vary.

4a Marco und Angelika besprechen Ihre Meinungen über die EU. Hören Sie sich die Diskussion an und wählen Sie die fünf Aussagen, die mit dem Sinn der Diskussion übereinstimmen.

Statements: 1, 4, 5, 7, 8

4b Hören Sie sich die Diskussion noch einmal an. Machen Sie eine Liste von Ausdrücken, die Angelika und Marco benutzen, um Ihre Meinung auszudrücken.

Ich bin prinzipiell für …

Es gibt sehr viele Vorteile …

Das mag wohl stimmen aber …

Das finde ich unfair.

Davon bin ich gar nicht überzeugt, …

Das stimmt so nicht.

Das ist natürlich nicht so sinnvoll, …

Es ist nicht abzustreiten, dass …

Das kann problematisch sein.

Transcript

Interviewer

— Angelika und Marco, was halten Sie von der EU?

Marco

— Ich bin prinzipiell für die EU. Ich finde, es gibt sehr viele Vorteile, allein wenn man in den Urlaub fährt. Ich kann problemlos überall in Europa reisen und sogar ein Haus in einem anderen Land kaufen oder im Ausland arbeiten und studieren. Man hat als EU-Bürger sehr viele Möglichkeiten.

Angelika

— Das mag wohl stimmen, aber es bringt auch Probleme wie illegale Einwanderer. Auch finde ich, dass die EU sehr viel Geld kostet und reiche Länder wie Deutschland subventionieren oft die ärmeren Länder. Das finde ich unfair.

Marco

— Aber wenn alle Mitgliedsstaaten den gleichen Wohlstand haben, dann hilft es dem Handel. Sie können es sich dann leisten, zum Beispiel, deutsche Produkte zu kaufen.

Angelika

— Davon bin ich gar nicht überzeugt, denn es gibt keine Beweise dafür. Ich finde auch, dass in der EU viel geredet aber wenig gemacht wird.

Marco

— Das stimmt so nicht. Die EU ist eine starke politische Macht, weil wir zusammenarbeiten und in der Lage sind, in Krisensituationen zu helfen und Einfluss zu haben.

Angelika

— Aber dann muss jedes Land einen Kompromiss eingehen. Ich finde, die Wünsche des eigenen Landes sollten stärker sein, als die Wünsche der EU. Das gilt auch was die Gesetzgebung betrifft. Die EU hat auch so viele dumme Gesetze eingeführt – es gab zum Beispiel ein Gesetz, das festlegen sollte, wie krumm eine Gurke sein darf. Für so etwas geben sie unsere Steuern aus.

Marco

— Ja, das ist natürlich nicht so sinnvoll, aber man muss dieses Gesetz in seinem Zusammenhang sehen – es ging um Qualitätsstandards für Lebensmittel. Aber man sollte die vielen Erfolge der EU nicht übersehen. Die EU-Gesetze um Menschenrechte sind eine Leistung, worauf die EU wirklich stolz sein kann.

Interviewer

— Angelika, sehen Sie nichts Positives an der EU?

Angelika

— Doch, es ist nicht abzustreiten, dass die EU einen großen Beitrag zum Frieden Europas geleistet hat, aber ich finde, es gibt zu viel Bürokratie. Es stimmt auch, dass nicht alle EU-Länder den selben Wohlstand genießen, und das kann problematisch sein.

Interviewer

— Und Sie, Marco, Sie haben keine Zweifel an den Vorteilen der EU?

Marco

— Zweifel eigentlich nicht. Natürlich gibt es Dinge, die man besser machen könnte, aber das ist bei jeder großen Organisation so.

5 Answers will vary.

6 Answers will vary.

4.2 B: Vor- und Nachteile der EU für Deutschland (pp76–77)

1 Answers will vary.

2 Hören Sie sich das Interview über das Erasmus-Programm an und beantworten Sie die Fragen auf Deutsch.

1 die Mobilität von Einzelpersonen und Partnerschaften zwischen Organisationen zu fördern

2 einen Studentenaustausch/die Möglichkeit, an einer anderen europäischen Universität zu studieren

3 Sie bekommen ein Stipendium und zahlen im Ausland keine Gebühren.

4 über eine Viertelmillion/250 000 Teilnehmer jährlich

5 (any two) Praktikum im Ausland/als Freiwilliger im Ausland arbeiten/Zusammenarbeit zwischen Sportvereinen aus verschiedenen Ländern/soziale Inklusion im Bereich Sport fördern

6 Schulpartnerschaften organisieren und dafür Fördermittel geben

7 Die EU investiert 14 Milliarden Euro.

8 die EU braucht eine international orientierte Jugend/ die EU braucht eine Jugend, die in der Lage ist, die Entwicklung Europas positiv zu gestalten

Transcript

Interviewer

— Seit 1988 organisiert das Erasmus-Programm Initiativen für junge Leute in Europa. Herr Renz, was ist denn das Erasmus-Programm?

Herr Renz

— Erasmus ist ein EU-Programm für Jugendliche. Es ist unser Ziel, die Mobilität von Einzelpersonen innerhalb der EU zu fördern und auch Partnerschaften zwischen europäischen Organisationen zu unterstützen.

Interviewer

— Die Mobilität von Einzelpersonen – was meinen Sie eigentlich damit? Was für Reisemöglichkeiten fördern Sie?

Herr Renz

— Das ursprüngliche Erasmus-Programm war ein Austauschprogramm, das Studenten aus allen europäischen Ländern ermöglichte, drei bis zwölf Monate lang an einer ausländischen Universität zu studieren. Dieses Programm existiert immer noch.

Interviewer

— Und wie wird das finanziert?

Herr Renz

— Der Student bekommt ein Stipendium als Beitrag zu den Unterhaltskosten und zahlt im Ausland keine Studiengebühren.

Interviewer

— Wie viele Teilnehmer hat das Programm jährlich?

Herr Renz

— Das Programm wurde 1987 gegründet und in diesem Jahr nahmen über 3 000 Studenten daran teil. Jetzt hat das Programm jährlich über eine Viertelmillion Teilnehmer.

Interviewer

— Gibt es andere Programme?

Herr Renz

— Ja, das Erasmus-Programm ist jetzt Erasmus Plus geworden und ist ein übergreifendes Programm für alle Jugendinitiativen. Das Austauschprogramm bleibt, aber es gibt jetzt auch Möglichkeiten, ein Praktikum im Ausland zu machen oder als Freiwilliger zu arbeiten. Wir sind auch im Bereich Sport tätig und fördern die Zusammenarbeit zwischen Sportvereinen aus verschiedenen Ländern. Vor allem wollen wir soziale Inklusion im Bereich Sport fördern.

Interviewer

— Das hört sich alles sehr positiv an, aber die Zielgruppe sind eher Studierende. Machen Sie nichts für Schulen?

Herr Renz

— Doch, wir haben verschiedene Schulprojekte. Wir organisieren Schulpartnerschaften, in denen Schulen an einem gemeinsamen Projekt zusammenarbeiten. Wir geben dafür auch Fördermittel, damit die Lehrer zusammen planen können. Ich finde es toll, dass Kinder in der ersten Klasse schon die Möglichkeit haben, mit Kindern aus dem Ausland zusammen zu lernen.

Interviewer

— Ist Jugendarbeit wichtig für die EU?

Herr Renz

— Sehr wichtig. Das sieht man schon an den Summen, die die EU in Jugendarbeit investiert – dieses Jahr über 14 Milliarden Euro. Ich bin froh, dass die Jugendarbeit solche Priorität hat. Wir brauchen eine international orientierte Jugend, die in der Lage ist, die Entwicklung der EU positiv zu gestalten und die versteht, mit Nachbarn aus dem Ausland umzugehen. Darin sehe ich die Zukunft der EU.

3a **Lesen Sie den Text und wählen Sie die richtige Antwort.**

1 c, 2 a, 3 a, 4 a, 5 b

3b **Übersetzen Sie den Text ins Deutsche.**

> **Suggested answer**
>
> Junge Leute, die Interesse daran haben, als Freiwillige im Ausland zu arbeiten, können sich beim EFD bewerben. Freiwillige werden Unterstützung bei der Eingewöhnung und der Unterkunft bekommen und können auch in ihrer neuen Heimat einen Sprachkurs machen. Das Programm hat viele Vorteile, darunter die Chance, neue Freundschaften zu knüpfen und das Leben in einer fremden Kultur zu erleben. Die meisten Freiwilligen berichten, dass sie trotz Schwierigkeiten die Erfahrung persönlich sehr wertvoll finden.

4 Answers will vary.

Transcript

Moderator

— Die EU-Jugendgarantie. Rund fünf Millionen junge Menschen unter 25 in den EU-Mitgliedsstaaten sind arbeitslos. Das entspricht einer Arbeitslosenquote von 21% im gesamten Raum, aber der Abstand zwischen den verschiedenen Ländern ist enorm. In Deutschland liegt die Quote bei nur 7,4% verglichen mit Quoten von über 40% in Südeuropa.

— Die Jugendgarantie soll dieses Problem bekämpfen. Alle Mitgliedsstaaten haben sich dazu verpflichtet, dass alle jungen Menschen innerhalb von 4 Monaten nachdem sie die Schule verlassen haben oder arbeitslos geworden sind, einen Arbeitsplatz oder eine Lehre bekommen. Ein Hauptzweck des Programms ist zu versichern, dass Jugendliche ausreichend Qualifikationen und Fähigkeiten haben, um eine Stelle zu finden.

— Manche Länder haben schon Fortschritte gemacht, indem sie neue Bildungswege eingeführt haben, aber das Problem ist längst nicht gelöst und Skeptiker bezweifeln, ob es wirklich möglich sein wird, die gesamte Garantie in die Praxis umzusetzen. Die Garantie schafft keine Stellen – sie verspricht nur, zu versuchen, Jugendliche besser auszubilden. Unser Reporter hat mit Eva aus Mannheim gesprochen:

Eva

— Ich habe nach meiner Lehre keinen Job gefunden und habe eine Fortbildung gemacht, um meine Computerkenntnisse zu vertiefen. Das kam durch die Jugendgarantie. Wir waren zehn Leute im Kurs und einige haben jetzt einen Arbeitsplatz gefunden, aber ich nicht.

Ich finde, die Jugendgarantie ist im Prinzip eine gute Idee, aber nach einem halben Jahr bin ich immer noch arbeitslos.

5a Answers will vary.

5b Answers will vary.

5c Answers will vary.

4.3 A: Die Auswirkungen der EU-Erweiterung auf Deutschland (pp78–79)

1 Europa-Quiz. Was wissen Sie jetzt über Europa? Beantworten Sie die Fragen auf Deutsch und recherchieren Sie im Internet die Tatsachen, die Ihnen unbekannt sind.

> **Suggested answers**
>
> (accurate at time of going to press)
>
> 1 Jetzt: 28. 1992: 12.
> 2 743,1 Million
> 3 Kroatien, Zypern, Estland, Ungarn, Lettland, Litauen, Malta, Polen, die Slowakei und Slowenien
> 4 Albanien, Mazedonien, Montenegro, Serbien, die Türkei
> 5 1) demokratische und rechtsstaatliche Ordnung; Menschenrechte werden geachtet 2) funktionsfähige Marktwirtschaft, die dem Wettbewerbsdruck und den Marktkräften innerhalb der Union standhalten kann
> 6 mit Frankreich, Belgien, Österreich, Dänemark, Polen, Tschechien, Luxemburg, Holland/den Niederlanden

2a Lesen Sie den Text und übersetzen Sie den ersten Abschnitt (*Zwischen … führen könnten.*) ins Englische.

> **Suggested answer**
>
> Between 2004 and 2013 the EU accepted 13 new countries, including 10 from the former Eastern bloc. The first major expansion eastwards came in 2004 when 10 new countries joined the union. On the one hand, this expansion meant a fulfilment of one of the fundamental principles of union: Article 98 of the founding constitution stated that any European country can apply to join. But there were concerns: that the economic conditions in the new Eastern countries were not strong enough; that Germany would be confronted with a wave of migration from the East; that the borders of this greater Europe were not secure and could lead to growing crime.

2b Lesen Sie den Text noch einmal und füllen Sie die Lücken mit dem richtigen Wort aus.

1 ermöglichen   3 vereinfachen   5 zugenommen
2 überflutet   4 behandelt

2c Lesen Sie den Text noch einmal und beantworten Sie die Fragen auf Deutsch.

1 dass die wirtschaftlichen Bedingungen im Osten nicht stark genug waren/vor einer Migrationswelle/vor wachsenden Kriminalität
2 Die Polizeibehörden arbeiten besser zusammen.
3 Gut ausgebildete Fachkräfte wandern aus.
4 Saisonarbeit
5   im Bereich der Wirtschaft; die Steigerung des Handels mit den Ostblockstaaten/hat Arbeitsplätze in Deutschland verschafft

2d Answers will vary.

3 Hören Sie sich das Interview mit Jan an und wählen Sie die fünf Aussagen, die mit dem Sinn des Interviews übereinstimmen.

Statements: 1, 2, 3, 6, 8

> **Transcript**
>
> Interviewerin
>
> — Jan, vor fünf Jahren sind Sie nach Deutschland gezogen. Hatten Sie keine Angst, einen so großen Schritt zu machen?
>
> Jan
>
> — Eigentlich nicht. Ich kann gut Deutsch und bin gut ausgebildet, dachte also, dass es nicht sehr schwierig sein würde, hier einen Arbeitsplatz zu finden. Als ausgebildeter Informatiker waren meine Chancen gut. Meine Frau Liliana hat zwei Semester hier studiert und fand eine Stelle als Investmentberaterin. Wir haben uns dann entschieden, hier zu bleiben. Wir arbeiten beide bei Firmen, die in Tschechien viele Geschäfte machen, und die also gern tschechische Arbeitnehmer einstellen.
>
> Interviewerin
>
> — Denken Sie daran, nach Prag zurückzukehren?
>
> Jan
>
> — Aus familiären Gründen schon, aber finanziell geht es uns in Deutschland besser. Die höheren Löhne sind ein Anreiz, obwohl die Lebenskosten hier auch entsprechend höher sind. Wir haben beide gute Stellen und wir haben hier einen guten Lebensstandard. Es stimmt, dass wir ab und zu Heimweh haben und dass uns unsere Familien fehlen. Da Liliana auch schwanger ist, gibt es Druck von unseren Eltern, heimzugehen. Aber wenn wir alles abwiegen, ist es bestimmt besser hierzubleiben.
>
> Interviewerin
>
> — Haben Sie andere Freunde, die ausgewandert sind?

Jan

— Meine Schwester ist Zahnärztin und sie arbeitet jetzt in Wien. Wir haben beide Glück, weil wir studiert haben und sehr mobil sein können. Wer keinen guten Abschluss hat, wird es viel schwieriger finden oder kann wirklich nur als Saisonarbeiter kommen. Das habe ich als Student in den Ferien gemacht und das macht wirklich keinen Spaß.

Interviewerin

— Was haben sie gemacht?

Jan

— Vor 10 Jahren habe ich im Sommer bei der Ernte auf einem Bauernhof geholfen. Ich habe nur 4,50 Euro die Stunde verdient, was schon damals in Deutschland relativ niedrig war, obwohl es für tschechische Verhältnisse sehr gut war. Ich konnte einen Haufen Geld sparen.

Interviewerin

— Haben Sie schon den Vorwurf gehört, die Migranten würden deutschen Arbeitssuchenden die Arbeitsplätze wegnehmen?

Jan

— Ja, das höre ich ab und zu, aber der freie Personenverkehr ist eine Grundlage der EU und jeder hat das Recht in einem anderen Land zu arbeiten. Ich trage zur deutschen Wirtschaft bei. Und die Erntehelfer machen meistens Arbeit, die die Deutschen nicht machen wollen.

4a Answers will vary.

4b Answers will vary.

4c Answers will vary.

4.3 B: Die Auswirkungen der EU-Erweiterung auf Deutschland (pp80–81)

1 Answers will vary.

2 Lesen Sie die Texte. Sind die Aussagen R (richtig), F (falsch) oder NA (nicht angegeben)?

1 R   2 F (gut)   3 NA   4 R   5 R   6 R   7 F (ständig)   8 NA

3 Hören Sie sich das Interview mit Doro und Stefan an und füllen Sie die Lücken mit einem passenden Wort aus.

1	gefährden	
2	wehrt sich	
3	beunruhigend	

4	fähig
5	in Zukunft
6	Flexibilität

Transcript

Interviewer

— Doro, wie wird die EU in 20 Jahren aussehen, Ihrer Meinung nach?

Doro

— Das ist schwer abzuschätzen. Ich glaube, die EU wird sich noch mehr erweitert haben, aber ich hoffe nur um ein paar Länder. Die EU kann nicht ständig größer werden und stabil bleiben. Das ist einfach nicht möglich.

Interviewer

— Und welche Länder sind noch gute Kandidaten, Ihrer Meinung nach?

Doro

— Die Balkanstaaten gehören meiner Meinung nach zu Europa. Wenn sie es wirtschaftlich auf die Reihe bringen, dann hätte ich nichts dagegen, dass sie EU-Staaten werden. Aber ich finde, die Türkei aufzunehmen, das geht zu weit.

Interviewer

— Warum denn?

Doro

— Die Kultur in der Türkei ist einfach nicht europäisch. Es ist ein großes Land mit einer wachsenden Bevölkerung und würde dann erwarten, entsprechenden Einfluss zu haben. Das würde zweifellos zu Konflikten mit den anderen Ländern führen. Ich glaube auch nicht, dass die Türkei in der Lage ist, alle Bedingungen für einen Beitritt zu erfüllen.

Interviewer

— Stefan, was denken Sie?

Stefan

— Ich bin auch der Meinung, dass die EU sich erweitern sollte und ich fände es eigentlich schade, wenn nur noch ein paar Länder Mitglieder werden. Ich hoffe, man wird unterschiedliche Partnerschaften aufbauen, mit unterschiedlichen Regeln. Einige Länder könnten nur Handelspartner sein und zum Beispiel nicht alle Bedingungen für eine volle Mitgliedschaft erfüllen.

Interviewer

— Aber wie steht es dann mit der Union der Werte? Und dass alle Länder die gleichen Bedingungen erfüllen?

Stefan

— Es gibt schon Unterschiede. Nicht alle Länder benutzen den Euro zum Beispiel. Ich glaube, wenn die EU nicht flexibel bleibt, dann wird sie zugrunde gehen. Die Volksabstimmung in Großbritannien hat gezeigt, dass manche Länder mit der EU unzufrieden sind.

Interviewer

— Und Sie Doro?

Doro

— Ganz im Gegenteil: Man sollte keine Kompromisse machen, besonders was Menschenrechte betrifft.

4 Übersetzen Sie den Text ins Deutsche.

Suggested answer

Anstatt sich zu erweitern, sollte die EU sich darauf konzentrieren, ihre aktuellen Probleme zu lösen. Es wäre sicher eine Herausforderung, ein Land wie die Türkei aufzunehmen, die normalerweise nicht als ein Teil Europas betrachtet wird. Es ist sicher möglich für ein Land, ein wichtiger Handelspartner der EU zu sein, ohne der Union beizutreten. In Bezug auf die Voraussetzungen für die volle Mitgliedschaft, sind die meisten Staaten sich einig, dass die EU keine Kompromisse eingehen sollte, was die Menschenrechte betrifft.

5a Übersetzen Sie die Sätze in Übung 1 ins Englische.

Suggested answer

- Europe will have become a much closer union, which looks like one nation.
- The EU will have expanded to 40 members.
- The EU will have accepted countries which are actually not situated on the European continent. / The EU will have expanded to include countries which are not part of geographical Europe/on the European continent.
- The EU will have broken up.

5b Answers will vary.

6a Answers will vary.

6b Answers will vary.

Wiederholung: Zeigen Sie, was Sie gelernt haben! (p82)

1 Verbinden Sie die Satzhälften.

1 b, 2 f, 3 a, 4 e, 5 d, 6 c

2 Wählen Sie die richtige Antwort.

1 a, 2 b, 3 a, 4 a, 5 a, 6 c

3 Answers will vary.

4 Answers will vary.

Wiederholung: Testen Sie sich! (pp83–85)

1a Lesen Sie den Text und beantworten Sie die Fragen auf Deutsch.

1 sein erstes Auto gekauft und seine erste Europatour gemacht
2 ein Navi
3 26 Länder, 26 Menschen und ihre Geschichten kennenzulernen
4 Sie stempelt die Pässe der Pilger und hört ihre Geschichten.
5 Maria hat ihre Heimat nie verlassen.
6 Sie meint, es liege an ihr, aus ihrer Zeit etwas zu machen.

1b Lesen Sie den Text noch einmal und füllen Sie die Lücken mit dem richtigen Wort aus.

1 begeistert sich   4 verlassen
2 verzichtet   5 gesammelt
3 erlitten   6 erzählt

1c Übersetzen Sie den vorletzten Abschnitt (*Die bald 80-jährige Spanierin … etwas zu machen.*) ins Englische.

Suggested answer

The Spaniard/Spanish lady who will soon be 80 years old lives in a little house and spends every day sitting in front of her door under a knotty fig tree and stamps the passports of the passing pilgrims. People from around the whole world sit down beside her in the shade and tell her about their journeys and their dreams. Maria listens to them. She herself has never left her home. Does that never get boring, she was once asked, "Sometimes it does," she (has) replied "but it's up to me, to make something of my time."

2a Sie hören ein Interview über Europaschulen. Wählen Sie die fünf Aussagen, die mit dem Sinn des Interviews übereinstimmen.

Statements: 1, 2, 5, 6, 9

2b Answers will vary.

Transcript

Interviewerin

— Thomas, Sie sind jetzt in der 13. Klasse einer sogenannten Europaschule. Was ist denn eigentlich eine Europaschule? Kann jede Schule eine Europaschule werden?

Thomas

— Eine Schule, die als Europaschule bezeichnet werden möchte, muss gewisse Kriterien erfüllen. Die Schule muss zum Beispiel viele europäische Themen im Lehrplan behandeln, ein ausgedehntes Fremdsprachenangebot haben und dauerhafte Partnerschaften mit Schulen und Organisationen in anderen europäischen Ländern haben. Kurz gesagt muss interkulturelle Zusammenarbeit ein Schwerpunkt sein.

Interviewerin

— Und wie sieht das im Alltag aus?

Thomas

— In meiner Schule gibt es einen bilingualen Bildungsgang. Ab der siebten Klasse hat man mehr Englischstunden in der Woche und lernt auch Erdkunde und Geschichte auf Englisch. Ich habe den bilingualen Unterricht gemacht und kann jetzt wirklich fließend Englisch sprechen.

Interviewerin

— Kann man das nur auf Englisch machen?

Thomas

— Den bilingualen Unterricht gibt es nur auf Englisch, aber die Schule bietet auch den normalen Sprachunterricht in Englisch sowie auch Französisch an, Italienisch und Spanisch gibt es als Fremdsprachen. Der bilinguale Unterricht ist auch nicht für jeden geeignet.

Interviewerin

— Wie viele Schüler machen das?

Thomas

— Die Hälfte des Jahrgangs wird damit in der siebten Klasse anfangen, aber nicht alle machen das bis zum Schluss. Man hat die Möglichkeit, nach der neunten Klasse auszusteigen, wenn man Schwierigkeiten oder einfach keine Lust mehr hat. Mir ist es auch mal schwer gefallen, aber ich bin froh, dass ich im Kurs geblieben bin.

Interviewerin

— Was ist sonst anders im Unterricht?

Thomas

— In Gemeinschaftskunde gibt es viele europäische Themen. Zum Beispiel haben wir neulich eine Simulation des europäischen Parlaments gemacht und Debatten über aktuelle Themen geführt.

Interviewerin

— Und welche Partnerschaften hat die Schule?

Thomas

— Jede Europaschule muss mindestens drei Schulpartnerschaften haben und auch berufsorientierte Projekte anbieten. Ich habe in der neunten Klasse einen Austausch mit einer Schule in England gemacht und in der 12. Klasse bin ich wieder nach England gefahren, um ein Praktikum zu machen. Ich habe dann bei einer deutschen Bank in London gearbeitet.

Interviewerin

— Sind diese Projekte dann hauptsächlich mit dem Fremdsprachenunterricht verbunden?

Thomas

— Nein, die Schule baut auch neue Partnerschaften auf, und wir haben letztes Jahr ein Projekt über Migration mit einer Schule in Estland gemacht. Das war toll, weil ich bestimmt sonst nie dahin gefahren wäre.

Interviewerin

— Sind Sie denn froh, dass Sie auf eine Europaschule gehen?

Thomas

— Ja. Eigentlich haben meine Eltern sich für die Schule entschieden. Ich wollte damals nicht, weil meine besten Freunde auf eine andere Schule gingen, aber ich bin jetzt fest davon überzeugt, dass dieses Bildungsmodell viele Vorteile hat, wenn man sich auf eine Karriere in Europa vorbereiten will.

3a **Lesen Sie den Text. Sind die Aussagen auf Seite 85 R (richtig), F (falsch) oder NA (nicht angegeben)?**

1 R

2 R

3 NA

4 F (von einem Foto eines Grenzübergangs zwischen Frankreich und Belgien)

5 F (er fotografiert auch Grenzen ohne Barrieren und Mauern)

6 R

7 NA

8 F (findet es absurd, Mauern hochzuziehen)

3b **Lesen Sie den Text (Seite 84) noch einmal und wählen Sie die richtige Antwort.**

1 a, 2 c, 3 b, 4 c

3c Übersetzen Sie den Text ins Deutsche.

> **Suggested answer**
>
> Als Student hatte Valerio die Möglichkeit, in Frankreich zu studieren. Damals mussten sich ausländische Studenten (immer) noch um eine Aufenthaltserlaubnis bewerben und es war nicht immer einfach, diese zu bekommen. Die Abschaffung der Grenzkontrollen hat die Situation gewaltig verändert und Valerio wollte sie dokumentieren, indem er ehemalige Zollhäuser fotografierte. Er arbeitet seit über 10 Jahren an dem Projekt. Ohne die Unterstützung von „Geomagazin" würde er es schwierig finden, das Projekt zu finanzieren, aber er hofft, so viele Grenzen wie möglich zu besuchen.

4 Answers will vary.

5 Answers will vary.

5 Die Politik und die Jugend

Einführung (pp88–89)

1a Lesen Sie *Wussten Sie schon?* Sind die Aussagen R (richtig), F (falsch) oder NA (nicht angegeben)?

1 R 2 R 3 R 4 F 5 R 6 NA

1b Was wissen Sie schon über Politik in Deutschland? Welche Definition passt zu welchem Wort?

1 d, 2 c, 3 b, 4 a, 5 e

1c Answers will vary.

2a Answers will vary.

2b Answers will vary.

5.1 A: Politisches Engagement Jugendlicher (pp90–91)

1 Answers will vary.

2a Lesen Sie den Text und wählen Sie die richtige Antwort.

1 a, 2 b, 3 a, 4 c, 5 a

2b Übersetzen Sie den letzten Abschnitt (*Und tatsächlich …*) ins Englische.

> **Suggested answer**
>
> And in actual fact you cannot really say that young people are failing to get involved. They are active in societies/organisations or interest groups, support people from disadvantaged groups, or demonstrate. Political participation for many means getting involved in areas of social politics. In a survey, a third of the young people stated that they 'often' take part in social projects/socially-useful activities in their free time and 60% declared they were prepared to join with others and take to the streets to defend their interests, and to participate in protests. "There they have the feeling of being able to change something," says educational researcher Heinz Reinders.

3 Hören Sie sich die Interviews mit Horst und Andrea über Politik an. Wählen Sie die fünf Aussagen, die mit dem Sinn der Interviews übereinstimmen.

Statements: 1, 4, 5, 6, 8

> **Transcript**
>
> **Interviewerin**
>
> — Horst, interessieren Sie sich für Politik?
>
> **Horst**
>
> — Eigentlich eher weniger. Ich finde die Debatten im Bundestag total langweilig und die Themen, die diskutiert werden, haben sehr wenig mit meinem Leben zu tun.
>
> **Interviewerin**
>
> — Gehen Sie wählen?
>
> **Horst**
>
> — Ich bin noch keine 18 also nicht wahlberechtigt. Ich habe schon vor, zu wählen, obwohl ich eigentlich nicht weiß, für wen ich meine Stimme abgeben würde, aber ich finde, man sollte das tun, wenn man in einer Demokratie lebt.
>
> **Interviewerin**
>
> — Haben Sie sich überhaupt schon einmal politisch engagiert?
>
> **Horst**
>
> — Ich habe ein paar Online-Unterschriftenlisten unterschrieben, aber ansonsten nichts. Aber ich finde, solche Aktivitäten erreichen wenig, trotz guter Absichten.

Interviewerin

— Haben Sie sich gesellschaftspolitisch engagiert?

Horst

— Das schon, ich arbeite ehrenamtlich einmal in der Woche in einem Asylantenheim und spiele mit den Kindern. Ich habe diese Arbeit eigentlich nicht als politisch betrachtet, sondern als meinen Beitrag zur Gesellschaft. Aber es stimmt schon, dass ich mich gern für die Armen im Land einsetzen möchte.

Interviewerin

— Andrea, interessieren Sie sich für Politik?

Andrea

— Schon, obwohl ich politisch nicht sehr aktiv bin. Ich habe an ein paar Demonstrationen gegen Atomkraft teilgenommen, aber ich bin kein Parteimitglied. Ich boykottiere auch Waren die unethisch sind, zum Beispiel von Firmen, die Kinder einstellen.

Interviewerin

— Und wählen Sie?

Andrea

— Bei Kommunalwahlen eigentlich nicht immer, aber bei Wahlen zum Bundestag auf jeden Fall. Diese Menschen werden unser Land gestalten – man hat kein Recht, sich über sie zu beklagen, wenn man nicht mitgemacht hat.

Interviewerin

— Und was halten Sie von den Politikern heutzutage?

Andrea

— Ich finde, sie sollten mehr tun, um die Jugendlichen zu erreichen. Sie reden ständig von der Jugend als die Zukunft des Landes, aber machen eigentlich sehr wenig, um sich mit unseren Prioritäten auseinanderzusetzen. Für mich steht die Umweltverschmutzung an der Spitze. Ich habe an einer Bürgerinitiative in der Stadt teilgenommen, um gegen eine neue geplante Mülldeponie zu protestieren und war sehr froh, dass wir erfolgreich waren.

4 Answers will vary.

5 Answers will vary.

5.1 B: Politisches Engagement Jugendlicher (pp92–93)

1 Answers will vary.

2a Lesen Sie den Text und beantworten Sie die Fragen auf Deutsch.

1 Wer in einem demokratischen Land wohnt, soll dazu beitragen.

2 Sie redet mit Abgeordneten und vertritt die Meinung der Jugendlichen.

3 Es gibt eine neue Station für krebskranke Kinder und der Ausschuss, in dem sie mitarbeitet, hat dafür geworben.

4 Es ist einfacher, Initiativen durchzusetzen.

5 Er will, dass jüngere Jugendliche auch wahlberechtigt sind.

6 Jugendliche haben auch eine politische Meinung.

7 Die Wahl soll mehr Jugendliche für Politik interessieren.

8 U18 Wahl zeigt die Meinungen der Wähler von morgen.

2b Lesen Sie den Text noch einmal. Sind die Aussagen R (richtig), F (falsch) oder NA (nicht angegeben)?

1 R   2 NA   3 NA   4 R   5 F (keinen direkten Einfluss)

2c Übersetzen Sie den Text ins Deutsche.

> **Suggested answer**
>
> Wie können Jugendliche zum demokratischen Prozess beitragen? Eine Möglichkeit ist, Mitglied einer politischen Partei zu werden. „Es ist wichtig, dass die politischen Ansichten Jugendlicher vertreten werden," meint Karsten, Vorsitzender der Jugendorganisation in seiner Heimatstadt. „Wir sind schließlich die Wähler von morgen." In Deutschland ist man normalerweise ab 18 wahlberechtigt, obwohl 16-Jährige bei manchen Kommunalwahlen ihre Stimme abgeben können. Felix Finkbeiner meint, dass das Wahlalter herabgesetzt/gesenkt werden sollte, damit Politiker die Ansichten Jugendlicher mehr berücksichtigen.

3 Answers will vary.

> **Transcript**
>
> — 2007 wurde in Österreich das Wahlalter für die Teilnahme an nationalen Wahlen auf 16 Jahre gesenkt. Mit dieser Reform ist Österreich das einzige Land in der EU, welches die Teilnahme an Nationalwahlen ab 16 Jahren vorsieht, obwohl Jugendliche in mehreren Ländern bei Kommunalwahlen mitmachen dürfen. Auch wenn andere Länder sich überlegen, das Wahlalter zu senken, und sich für die Folgen dieser Entscheidung interessieren, bleibt Österreich mit seiner Reform noch allein.
>
> — Natürlich wurde das neue Wahlalter nicht überall begrüßt. Die Kritiker der Wahlaltersenkung thematisieren die mangelnde Reife von 16- und 17-Jährigen, welche sich auch in mangelndem politischen Interesse und geringerem politischen

Wissen manifestiert. Demgegenüber stehen die Befürworter, die hoffen, so schnell wie möglich Jugendliche für den politischen Prozess zu interessieren und behaupten, so werden die Interessen Jugendlicher besser vertreten.

— Bei der ersten Nationalwahl mit den neuen jungen Wählern war die Wahlbeteiligung der jungen genauso hoch wie die der anderen Altersgruppen. Bei der nächsten Wahl war diese um einiges gesunken. Es gab aber keinen Unterschied zwischen den 16- bis 17-Jährigen und den 18 bis 21-Jährigen.

— Wie ist das zu erklären? Bei der ersten Wahl haben die Medien und die Politiker sehr viel Aufmerksamkeit auf die Interessen der Jungwähler gerichtet. Bei der zweiten Wahl blieb alles beim Alten und die Jugendlichen fühlten sich nicht mehr von den Politikern angesprochen. Was klar scheint ist, dass Jugendliche eher an Wahlen teilnehmen, wenn sie das Gefühl haben, gehört zu werden.

4 Answers will vary.

5 Answers will vary.

5.2 A: Schwerpunkte der Jugendpolitik (pp94–95)

1a Answers will vary.

1b Answers will vary.

2a **Lesen Sie den Text. Welcher Titel (Seite 95) passt zu welchem Absatz?**

1 B, 2 A, 3 D, 4 C, 5 E

2b **Lesen Sie Abschnitte A und B noch einmal. Wählen Sie die fünf Aussagen, die mit dem Sinn dieser Absätze übereinstimmen.**

Statements: 1, 3, 5, 7, 8

2c **Lesen Sie Abschnitte C–E noch einmal und wählen Sie die richtige Antwort.**

1 c, 2 c, 3 b, 4 a

2d **Übersetzen Sie Abschnitt C (*Die Bedeutung …*) ins Englische.**

Suggested answer

The significance of media such as the internet and computer games, has increased rapidly – and is continuing to do so. New media offer great opportunities and a variety of possibilities for information and communication. They do, however, conceal/have hidden dangers from which children and young people in particular need to be protected. It is therefore necessary to strengthen children and young people's media skills.

3 Answers will vary.

4a Answers will vary.

Transcript

— Das Projekt „Jugend Stärken: 1 000 Chancen" hat den Zweck, benachteiligte junge Menschen mit und ohne Migrationshintergrund beim Übergang von der Schule in den Beruf zu unterstützen. Zentrales Ziel ist es, benachteiligte Jugendliche zu motivieren, einen Schulabschluss zu machen, Ziele im Hinblick auf ihre Berufslaufbahn zu entwickeln und sie beim Übergang von der Schule in den Beruf zu begleiten.

— In Osnabrück hat die Stadt eine neue Beratungsstelle eröffnet, aber neu an dem Programm ist, dass Jugendliche zuerst angesprochen werden, wo sie leben. Fast 80 Jugendliche kamen zu einem Sportprogramm in ihrem eigenen Viertel und dort wurden Kontakte geknüpft. Wichtig ist, Vertrauen aufzubauen, damit die Jugendlichen sich engagieren, meint Projektleiter Bruno Hoffman. Die ersten Schritte sind die schwersten. Wer mitmacht kriegt Unterstützung, einen Ausbildungsplatz zu finden. Mehrere Firmen vor Ort bieten auch im Rahmen des Projekts Praktika an.

— Besondere Dienste gibt es für junge Flüchtlinge. In Osnabrück werden Sprachkurse subventioniert und die Jugendlichen sollen auch über Vereine integriert werden. Aber sie haben auch Zugang zu einem Onlineberatungsteam, damit sie ihre ganz persönlichen Fragen stellen können: „Wie finde ich mit meinen Zeugnissen einen Ausbildungsplatz in Deutschland?" und „Wo kann ich mich zu einem Sprachkurs anmelden?" sind zum Beispiel solche Fragen, die junge Migrantinnen und Migranten beschäftigen und die sie innerhalb der Einzelberatung, des Einzelchats, des Gruppen- oder Themenchats und des Forums stellen können.

4b Answers will vary.

5.2 B: Schwerpunkte der Jugendpolitik (pp96–97)

1 Answers will vary.

2 **Lesen Sie den Text. Sind die Aussagen R (richtig), F (falsch) oder NA (nicht angegeben)?**

1 F (kamen von örtlichen und regionalen Veranstaltungen) 2 R 3 NA 4 F (nicht nur) 5 R 6 R

3 **Der Jugendlandtag hat die folgenden Forderungen in seinem Positionspapier gestellt. Verbinden Sie die Satzhälften.**

1 d, 2 f, 3 a, 4 c, 5 b, 6 e

4 Answers will vary.

5a **Hören Sie sich das Interview mit Carina über ihre Arbeit im Jugendbeirat an. Beantworten Sie die Fragen auf Deutsch.**

> **Suggested answers**
>
> 1 Jugendliche zwischen 14 und 20 Jahren alt, die gewählt werden
>
> 2 Sie reden einmal im Monat mit Politikern aus der Stadtverwaltung.
>
> 3 Sie haben die Freizeitmöglichkeiten in der Stadt verbessert. Es gibt einen neuen Jugendklub und auch Sommerkurse für benachteiligte Kinder.
>
> 4 Sie werben für eine Ganztagsschule.
>
> 5 Der Beirat will das Leben der Jugendlichen in der Stadt verbessern.

5b **Hören Sie sich das Interview mit Carina noch einmal an. Machen Sie eine Liste von Ausdrücken mit Partikeln.**

denn, eigentlich, schon, wohl, doch, ja

5c **Übersetzen Sie dann die Ausdrücke und erklären Sie die Funktion der Partikeln.**

Was ist das denn eigentlich? What is that actually? – *denn* used to gain time, *eigentlich* for emphasis

Ich glaube schon. I think so (translated here as 'so'). – used to soften *Ich glaube*

Und ist das eigentlich mal passiert? Has that actually ever happened? – used to express an idea of uncertainty

Ja, aber das sind doch wichtige Themen. Yes, but those are in fact important themes. – contradicts the idea suggested that youth themes are not important

Wir haben ja die Möglichkeit … We (really) have the possibility … – used for emphasis

Transcript

Interviewer

— Guten Tag, Carina. Sie sind also Mitglied des Kinder- und Jugendbeirats. Was ist das denn eigentlich?

Carina

— Der Beirat vertritt die Interessen von Kindern und Jugendlichen in der Stadt. Die Mitglieder werden alle zwei Jahre gewählt, sie sind alle zwischen 14 und 20 Jahre alt, und wir sind parteienunabhängig.

Interviewer

— Und welche Aufgaben haben Mitglieder des Beirats?

Carina

— Es gibt verschiedene Projektgruppen und es gibt eine Sitzung einmal in der Woche. Man muss also bereit sein, Zeit zu opfern. Wir besprechen Themen, die für Jugendliche wichtig sind und reden einmal im Monat mit Politikern aus der Stadtverwaltung darüber. Wir haben auch ein kleines Budget und können selbst Geld investieren.

Interviewer

— Und wird der Jugendbeirat ernst genommen?

Carina

— Ich glaube schon. Laut der Gemeindeordnung Schleswig-Holstein muss jede Stadt oder Kommune Jugendlichen die Möglichkeit geben, ihre Vorschläge in die Politik einbringen zu können, und die Politiker müssen diese Ideen berücksichtigen.

Interviewer

— Und ist das eigentlich mal passiert?

Carina

— Ja, wir haben viele Kampagnen um die Freizeitgestaltung geführt und die Stadt hat Geld in einen neuen Jugendklub investiert. Das war wichtig für uns. Auch wollten wir bessere Möglichkeiten für Jugendliche nach der Schule und in den Sommerferien. Es ist schwierig für Familien, wenn beide Eltern arbeiten, eine gute Betreuung für die Kinder zu organisieren, und die Kinder hängen nur rum. Die Stadt hat dann auch gratis Sommerkurse für benachteiligte Kinder angeboten.

Interviewer

— Schule, Freizeit – das sind also die typischen Jugendthemen …

Carina

— Ja, aber das sind doch wichtige Themen. Wir tragen auch zu größeren Diskussionen in der Stadt bei. Eine neue Schule wird für die Stadt geplant und wir werben dafür, dass sie eine Ganztagsschule wird.

Interviewer

— Was sehen Sie als Hauptziel des Beirats?

Carina

— Wir haben ja die Möglichkeit, das Leben der Jugendlichen in der Stadt zu verbessern. Und nächstes Jahr werde ich am Jugendlandrat teilnehmen – dort gibt es eine Chance, die Regionalpolitik zu beeinflussen.

6 Übersetzen Sie den Text ins Deutsche.

> **Suggested answers**
>
> Der Zweck eines Jugendparlaments ist es, Jugendlichen zu ermöglichen, die politischen Themen zu diskutieren, die ihnen wichtig sind. Es ist unbedingt nötig, dass Politiker die Ansichten des Jugendparlaments berücksichtigen und ernst nehmen. Das letzte Parlament diskutierte eine Vielzahl an Themen, darunter die Umwelt und Integration, und hat Prioritäten gesetzt. „Wir hoffen, dass einige unserer Ideen in die Praxis umgesetzt werden," sagte die Vorsitzende Anna Dreschler.

7 Answers will vary.

5.3 A: Werte und Ideale (pp98–99)

1 Answers will vary.

2a Hören Sie sich Ingo, Nadia, Rudi und Maria zu. Welches Thema ist für sie am wichtigsten?

Ingo	2	Rudi	1
Nadia	4	Maria	3

2b Hören Sie sich die Beiträge von Ingo und Nadia noch einmal an und wählen Sie die fünf Aussagen, die mit dem Sinn der Beiträge übereinstimmen.

Statements: 1, 3, 6, 7, 8

2c Hören Sie sich die Beiträge von Rudi und Maria noch einmal an und beantworten Sie die Fragen auf Deutsch.

1 Sie nehmen es nicht sehr ernst.

2 Sie verbringen viel Zeit im Internet.

3 dass er im Internet nicht geschützt ist

4 Es gibt immer noch wenige/zu wenig Frauen in Führungspositionen.

5 Sie sollten familienfreundliche Gesetze einführen, damit Frauen einfacher in Führungspositionen gelangen können.

Transcript

Ingo

— Umweltschutz ist für mich die höchste politische Priorität heutzutage. Wenn es so weiter geht mit dem Treibhauseffekt, dann können wir schon damit rechnen, dass manche Städte und Länder in der Zukunft unter dem Meer verschwinden. Auch kann es mit dieser Konsumgesellschaft nicht so weitergehen, wir verbrauchen zu viel. Es ist mein Wunsch, dass die Politiker strengere Maßnahmen ergreifen, um die Luftverschmutzung zu reduzieren, und sie sollten auch Gesetze einführen, um die Verpackungen zu reduzieren.

Nadia

— Ich glaube, Armut ist das größte politische Problem heutzutage, sowohl in Deutschland als auch in den Entwicklungsländern. Ich finde es unfassbar, dass in einem reichen Land wie Deutschland Kinder immer noch an der Armutsgrenze aufwachsen und dadurch weniger Chancen im Leben haben. Aber wir haben auch eine Verantwortung der Dritten Welt gegenüber. Ich fordere die Politiker auf, sich gegen Armut einzusetzen.

Rudi

— Ich glaube Datenschutz ist ein enormes Problem heutzutage, das von den Politikern nicht sehr ernst genommen wird. Jugendliche verbringen aber sehr viel Zeit im Internet und wir können wirklich nicht sicher sein, dass unsere Fotos und Nachrichten eigentlich privat bleiben. Ich bin überzeugt, dass es für Firmen einfach ist, an die Daten des Einzelnen zu kommen. Das Internet gerät außer Kontrolle und ich will besser geschützt werden. Das müssen die Politiker sich vornehmen.

Maria

— Trotz der Fortschritte der letzten 30 Jahre gibt es immer noch keine Gleichberechtigung in der Gesellschaft. Es gibt immer noch zu wenig Frauen in Führungspositionen – und Frauen sind in der Politik auch nicht genug vertreten. Die Politiker müssen den Weg an die Spitze für Frauen vereinfachen, indem sie familienfreundliche Gesetze einführen.

3a Answers will vary.

3b Lesen Sie den Text noch einmal und übersetzen Sie den ersten Abschnitt (*Bewiesen ist … verbunden sind.*) ins Englische.

Suggested answer

It has been proven that voluntary work brings personal and social advantages. Not only do the participating pupils benefit a lot by doing it, but the work also awakens political interest. Those who get involved feel that it is possible to make a contribution to society. Most young people find the work meaningful and have the feeling that they themselves are achieving something, according to studies. They often develop a strong interest in political topics which are linked to the work.

4 Schreiben Sie die Sätze um, um die Betonung zu ändern.

Suggested answers

1 Unumstritten ist, dass ehrenamtliches Engagement positive Folgen hat.

Dass ehrenamtliches Engagement positive Folgen hat, ist unumstritten.

2 Völlig anders war Maltes Einstellung zu Flüchtlingen nach einem halben Jahr in einer Flüchtlingsunterkunft.

Nach einem halben Jahr in einer Flüchtlingsunterkunft war Maltes Einstellung zu Flüchtlingen völlig anders.

3 Trotz vieler Versuche, mehr Hauptschüler zu interessieren, gibt es immer noch mehr Bewerbungen von Gymnasiasten.

Immer noch gibt es mehr Bewerbungen von Gymnasiasten, trotz vieler Versuche, mehr Hauptschüler zu interessieren.

5 Answers will vary.

6 Answers will vary.

5.3 B: Werte und Ideale (pp100–101)

1 Answers will vary.

2 Lesen Sie den Text. Sind die Aussagen R (richtig), F (falsch) oder NA (nicht angegeben)?

1 R 2 R 3 R 4 NA 5 R 6 NA 7 F (Depressionen und soziale Ausgrenzung) 8 R

3 Übersetzen Sie den Text ins Deutsche.

Suggested answer

Interessenverbände engagieren sich für spezifische Zwecke. Die Organisation BUND hat das Ziel, die Umwelt zu schützen und arbeitet auf nationaler Ebene, um die Regierung zu ermutigen, umweltfreundliche Gesetze einzuführen. Aber die Gruppe will auch Aufmerksamkeit darauf lenken, wie jeder Einzelne einen Unterschied machen kann. Seit mehreren Jahren ist BUND in Schulen aktiv, wo Freiwillige die Schüler für Umweltprobleme sensibilisieren. Sie hoffen auch, dass diese Arbeit Jugendliche motivieren wird, sich ehrenamtlich zu engagieren und einen Beitrag zum Umweltschutz in ihrer Stadt zu leisten. Jugendliche werden dadurch verstehen, dass sie einen Unterschied machen können.

4 Hören Sie sich den Bericht über die Bürgerinitiative ‚Bürger gegen Fluglärm' an und füllen Sie die Lücken mit dem richtigen Wort aus.

1 Steigerung
2 Qual
3 Einstellung
4 Aufmerksamkeit
5 Einspruch
6 Gewalt

Transcript

— Bürgerinitiativen aus dem Großraum Frankfurt am Main rufen zu regelmäßigen Demonstrationen gegen den Fluglärm auf. Der Ausbau des Flughafens hat die Lärmbelastung deutlich erhöht und ist laut der Aktivisten für manche fast unerträglich geworden.

— Die Bürgerinitiative fordert ein Flugverbot zwischen 22 Uhr und 6 Uhr sowie eine allgemeine Reduzierung des Flugverkehrs im Rhein-Main Gebiet.

— Wer die Initiative unterstützen will, hat mehrere Möglichkeiten. Spenden sind immer willkommen, um Flugblätterkampagnen zu finanzieren. Beschwerden kann man auch einreichen – und wichtig ist, dass man sich wiederholt beschwert. Auch kann man regelmäßig Leserbriefe an Zeitungen schreiben, damit das Thema aktuell bleibt.

— Oder man kann an der wöchentlichen Demonstration am Flughafen teilnehmen. Letzten Montag versammelten sich über 100 Aktivisten aus dem ganzen Gebiet. Sie standen friedlich mit Plakaten vor dem Terminal. Die Flughafenbehörde wollte keinen detaillierten Kommentar über den Protest abgeben, betonte nur, dass der Flughafen von großer wirtschaftlicher Bedeutung für die Region sei. Dagegen meinen die Aktivisten, dass die Lebensqualität der Bürger den Vorrang haben sollte.

5a Answers will vary.

5b Answers will vary.

6 Answers will vary.

Wiederholung: Zeigen Sie, was Sie gelernt haben! (p102)

1 Füllen Sie die Lücken mit dem richtigen Verb aus.

1 verteilen	6 abgeben
2 unterzeichnen	7 teilnehmen
3 mitmachen	8 spenden
4 angehören	9 boykottieren
5 werden	10 engagieren

2 Verbinden Sie die Satzhälften.

1 d, 2 a, 3 b, 4 c, 5 e

3 Geben Sie Ihre Antworten auf Deutsch.

1 Possible answers: die CDU, CSU, die Linke, die Grünen, die SPD.

2 Answers will vary.

3 Possible answers:

Bundestags – das Nationalparlament, entscheidet über Gesetze und führt die Politik auf nationaler Ebene

Landtags – entscheidet über die Politik in jedem Bundesland. Der Landtag trägt die Verantwortung für bestimmte Bereiche z.B das Schulsystem im Lande.

Stadtrats – verwaltet die Stadt und organisiert bestimmte Bereiche in der Stadt z.B. Straßenreinigung oder Freizeitangebote

Wiederholung: Testen Sie sich! (pp102–105)

1a Lesen Sie den Text (Seite 103) und wählen Sie die richtige Antwort.

1 b, 2 c, 3 b, 4 b, 5 b

1b Answers will vary.

2 Übersetzen Sie den Text ins Englische.

> **Suggested answer**
>
> Although her parents had been politically active for years, Sonja was barely interested in politics until she took part in a seminar about women's rights. Immediately afterwards, Sonja became a member of a lobbying group which tries to ease the way for girls into typical male jobs. Sonja now intends to become an engineer and admits that without the course she would never have had the idea. She now campaigns for better careers advice in schools and has been elected as the chair of the youth parliament in her home town. Her parents are pleased and Sonja herself is proud of her contribution to youth politics in her town.

3a Sie hören einen Bericht über den politischen Jugendring Dresden. Wählen Sie die fünf Aussagen, die mit dem Sinn des Berichts übereinstimmen.

Statements: 1, 5, 6, 7, 8

3b Hören Sie sich den Bericht noch einmal an und füllen Sie die Lücken mit dem richtigen Verb aus.

1 begeistern	4 bekommen
2 führen	5 legen
3 austauschen	6 beginnen

> **Transcript**
>
> — Der politische Jugendring Dresden wurde nach dem Fall der Berliner Mauer 1990 von politisch engagierten Schülern und Schülerinnen gegründet. Damals gab der Verein Jugendlichen die Möglichkeit, sich mit den neuen demokratischen Prozessen in Ostdeutschland auseinanderzusetzen.
>
> — Heute bezweckt der Verein politische Bildung, um Jugendliche für Politik zu interessieren. Darin spielt ehrenamtliches Engagement eine große Rolle und die Organisation will Kinder und Jugendliche ermuntern, selbst Projekte zu politischen Themen zu organisieren.
>
> — Zu letzteren Projekten zählten ein Besuch im Rathaus für Kinder zwischen neun und 14 Jahren. Dort haben sie einen Einblick in die Funktionen des Rathauses bekommen und kamen auch mit Abgeordneten des Stadtrats ins Gespräch.
>
> — Ältere Jugendliche konnten ein Mehrtagesseminar in Berlin zum Thema Demokratie besuchen. Sogar Auslandsreisen stehen auf dem Programm und Begegnungen mit Jugendlichen aus der Partnerstadt Kaliningrad sind ein fester Bestandteil des Programms.

— Für den Jugendring ist es wichtig, dass jeder die Möglichkeit hat, mitzumachen und dass keiner aus finanziellen Gründen ausgeschlossen ist. Die Stadt übernimmt daher die Mehrheit der Kosten – die Teilnahme an dem Seminar in Berlin hat nur zehn Euro gekostet.

— Die Jugendlichen in der ehemaligen DDR kennen nur noch die Demokratie, ihre Eltern allerdings nicht. Dass diese Demokratie zu schätzen ist, will die ältere Generation noch betonen, indem sie die politische Jugendarbeit unterstützt.

— Ein besonderes Projekt war ein Stadtrundgang, um Kinder und Jugendliche mit den Ereignissen der friedlichen Revolution im Jahre 1989 in Dresden bekannt zu machen. Manche Kinder wussten eigentlich sehr wenig über die Geschichte ihrer eigenen Stadt und über die DDR. Deshalb sind die Organisatoren der Meinung, dass die politische Bildung in der Schule anfangen muss.

4 Answers will vary.

5 Answers will vary.

6 Übersetzen Sie den Text ins Deutsche.

> **Suggested answer**
>
> Viele Jugendliche behaupten, sich für Politik zu interessieren, obwohl sie keiner politischen Partei angehören. Sie haben oft wenig Vertrauen in politische Institutionen, aber sind höchst motiviert, einen Beitrag zur Gesellschaft zu leisten. Jugendliche haben oft starke Werte und wollen einen Unterschied machen, indem sie etwas Sinnvolles tun. Ehrenamtliches Engagement ermöglicht es Jugendlichen, sich in wertvollen sozialen Projekten zu engagieren. Aber nicht alle Jugendlichen haben die Möglichkeit, daran teilzunehmen. Es steht fest, dass diese Arbeit vorteilhaft für alle ist, daher sollen Schulen sie fördern und ihre Wichtigkeit besprechen.

7a Lesen Sie das Gedicht (Seite 105). Wählen Sie die fünf Aussagen, die mit dem Sinn des Gedichts übereinstimmen.

Statements: 1, 2, 3, 6, 7

7b Lesen Sie das Gedicht noch einmal und beantworten Sie die Fragen auf Deutsch.

1 Er muss mit dem Geld, das er von der Rückgabe von Pfandflaschen bekommt, bezahlen.

2 Das Kind wohnt auf der Straße. / Das Kind ist sehr arm.

3 Früher hatte das Volk keinen Grund, sich zu beklagen, aber jetzt kann es sich nicht mehr auf die Politiker verlassen.

4 Geld

5 Das Volk kann unerwünschte Politiker bei der nächsten Wahl loswerden/nicht wieder wählen.

8 Answers will vary.

9 Answers will vary.

 # Die Wiedervereinigung und ihre Folgen

Einführung (pp108–109)

1a Lesen Sie *Wussten Sie schon?* Sind die Aussagen R (richtig), F (falsch) oder NA (nicht angegeben)?

1 NA 2 R 3 NA 4 F (sie existieren teilweise immer noch)
5 F (nicht alle wollten eine Wiedervereinigung)

1b Finden Sie die passenden Synonyme.

1c, 2d, 3a, 4e, 5b

1c Schauen Sie sich die drei Fotos an (A -C). Welches Foto passt zu welchem Punkt aus *Wussten Sie schon?*

A 6th bullet point
B 4th bullet point
C 5th bullet point

2 Arbeiten Sie mit einer Partnerin/einem Partner zusammen. Welche Landeshauptstadt gehört zu welchem Bundesland? Schauen Sie im Internet oder in einem Atlas nach.

1 b, 2 d, 3 a, 4 e, 5 c

3 Was passt zusammen? Verbinden Sie die Satzhälften.

1 c, 2 b, 3 d, 4 a, 5 e, 6 f

4 Answers will vary.

6.1 A: Friedliche Revolution in der DDR (pp110–111)

1 Answers will vary.

2a Lesen Sie den Text. Welche Definition (a–e) passt zu welchem Wort (1–5)?

1 e, 2 b, 3 d, 4 c, 5 a

2b Lesen Sie den Text noch einmal und beantworten Sie die Fragen auf Deutsch.

1 um die sowjetische Planwirtschaft zu retten

2 Viele DDR-Bürger wollten ihr Land verlassen und 10 000 flohen über Ungarn und Österreich in die BRD.

3 Die kritischen Stimmen und die Opposition wuchsen und es kam zu Demonstrationen.

4 Die Sicherheitskräfte gingen brutal gegen die Demonstranten vor.

5 Er wollte der DDR Regierung sagen, dass es wichtig sei, mit der Zeit zu gehen und auf die Bevölkerung zu hören.

6 Immer mehr Menschen nahmen an Demonstrationen/Massendemonstrationen teil und sie ließen sich nicht einschüchtern.

7 Das Brandenburger Tor wurde geöffnet und tausende Ost- und Westberliner feierten gemeinsam die Öffnung der Grenze.

2c Lesen Sie den Text noch einmal und übersetzen Sie den zweiten Abschnitt (*Es bildet sich … die DDR-Regierung.*) ins Englische.

Suggested answer

A political opposition group is formed, which calls itself 'Neues Forum' and wants to be recognised as a party. The government refuses and this leads to mass demonstrations. On 7 October, official celebrations to mark the 40th anniversary of the establishment of the GDR take place, with big military parades in East Berlin. Mikhail Gorbachev also takes part in the celebrations. In a speech, he warns Erich Honecker's government not to ignore the population's demands for reforms. His words, "He who comes too late is punished by life", have been associated with this day ever since. The military parades are to give the impression of control, but there are demonstrations in many cities/towns against the SED and the East German government.

3 Füllen Sie die Lücken mit der richtigen Verbform aus.

1 verloren hätten, wäre gewesen

2 hätte geöffnet, hätten verlassen

3 hätten gefeiert, gefallen wäre

4 gelebt hätte, hätte mitgemacht

5 hätten zugestimmt, hätte gegeben

4 Hören Sie sich das Radiointerview mit Simone und Franjo an, die ein Projekt zum Thema ‚1990 – Das Jahr der Wiedervereinigung' machten. Wählen Sie die fünf Aussagen, die mit dem Sinn des Interviews übereinstimmen.

Statements: 2, 4, 5, 6, 8

Transcript

Moderator

— Willkommen zu unserer Sendung „Schüler forschen und berichten". Heute werden Simone und Franjo über das Thema ‚Das Jahr 1990 und die Wiedervereinigung' sprechen – richtig?

Simone

— Ja, genau. Franjo und ich interessieren uns beide total für das Thema – auch wenn es schon vor mehr als 20 Jahren passiert ist.

Moderator

— Was interessiert euch denn am meisten? Franjo, willst du mal anfangen?

Franjo

— Also, meine Eltern und ich leben in Leipzig und die Stadt lag ja damals in der DDR. Als die Mauer fiel, waren sie zwar noch ziemlich jung, aber es war ein Ereignis, das sie nie vergessen werden und über das sie mir schon so viel erzählt haben. Ich finde das einfach so spannend, dass zwei Länder wie die DDR und die BRD, die ja total verschieden waren – also die DDR war ja ein kommunistisches Land und die BRD kapitalistisch – und außerdem fast 30 Jahre lang geteilt waren, wie die beiden Länder dann in so kurzer Zeit vereinigt wurden. Für meine Oma war es besonders emotional, weil ihre Schwester in Westberlin lebte und sie sich seit dem Bau der Mauer im Jahr 1961 nicht mehr gesehen hatten. Ich glaube, es war für viele Familien so emotional – keiner hätte geglaubt, dass Deutschland jemals wieder ein Land sein würde.

Moderator

— Das kann ich gut verstehen, Franjo. Danke. Und wie ist das bei dir, Simone?

Simone

— Was mich so fasziniert, ist, wie schnell sich alles entwickelt hat. Also, am 7. Oktober feiert die DDR unter Honecker den 40. Jahrestag der DDR ganz offiziell, aber hinter den Kulissen sozusagen demonstrierten Zehntausende von Menschen für Meinungs- und Pressefreiheit. Einen Monat später tritt die DDR-Regierung zurück und die Grenzen in den Westen werden geöffnet.

— Ende November präsentiert Helmut Kohl – er war der damalige Bundeskanzler der BRD – ein Zehn-Punkte-Programm, also praktisch zehn Schritte bis zur Vereinigung Deutschlands.

Franjo

— Ja, und dann im Dezember wird das Brandenburger Tor wieder ganz geöffnet. Meine Eltern fuhren damals nach Berlin, um Silvester am Brandenburger Tor zu feiern. Die Fotos sind spitze. Es muss einfach irre gewesen sein.

Simone

— Ja, und dann ging es eben so schnell weiter. Im Februar trifft Helmut Kohl den sowjetischen Staatschef Michail Gorbatschow und der verspricht Kohl, dass die Sowjetunion die Wiedervereinigung respektieren wird. Im März dann ein ganz wichtiges Ereignis für die DDR-Bürger …

Franjo

— … aber echt, es gab zum ersten Mal freie Wahlen. Und im Juli tritt schon die Wirtschafts- und Währungsunion in Kraft, das heißt, die D-Mark wurde in der DDR eingeführt. Am 24. September verlässt die DDR den Warschauer Pakt und am 3. Oktober wird der Tag der Deutschen Einheit gefeiert.

5 Answers will vary.

6.1 B: Friedliche Revolution in der DDR (pp112–113)

1a Wie reagierte die internationale Politik auf das Ereignis der Wiedervereinigung? Lesen Sie die Aussagen und füllen Sie die Lücken mit dem richtigen Wort aus.

1 Bundesrepublik, Verbündeter

2 Vereinigung, Ereignis

3 Vergangenheit, Zeitalters

1b Was scheint Ihrer Meinung nach für die drei Politiker besonders wichtig zu sein?

> **Suggested answers**
>
> treuer Verbündeter, wirklicher Partner, Symbol für eine allgemeine Friedensordnung, Freundschaft und Partnerschaft zwischen den verschiedenen Ländern

2 Answers will vary.

> **Transcript**
>
> — Die Wiedervereinigung Deutschlands war natürlich für das Volk und das Land ein Riesenereignis,

aber auch eine Riesenherausforderung: Zwei total unterschiedliche Wirtschaftssysteme, zwei ganz verschiedene politische Ideologien, ein Volk, das sich mit Vorurteilen und Stereotypen begegnete, all das zu vereinen – gar nicht so einfach.

— Und was hielten die europäischen Nachbarn von dem neuen, größeren Deutschland? Ein Deutschland, das seine Souveränität wieder erhalten hatte, nachdem im Jahr 1994 die sowjetischen Truppen aus der DDR und gleichzeitig die amerikanischen, britischen und französischen Truppen aus Westdeutschland abgezogen wurden. Man kann schon sagen, dass die Wiedervereinigung eine europäische Angelegenheit war.

— Nach Ansicht des damaligen Bonner Chef-Korrespondenten der „Financial Times", David Marsh, brauchte man keine Angst vor den Deutschen zu haben. Denn ein wirtschaftlich starkes Deutschland sei besser als ein wirtschaftlich schwaches. In der wirtschaftlichen und politischen Integration Deutschlands in der Europäischen Gemeinschaft liege die Zukunft. Man hoffe, dass Deutschland aus seiner Vergangenheit gelernt habe und dass das vereinigte Deutschland nicht zu einflussreich werden würde.

— Der Redakteur einer polnischen Wochenzeitung meinte, dass man in Polen glaubte, die Mauer würde einmal fallen, nur war man überrascht, als es so schnell geschah. Viele Polen wollten nach dem Mauerfall den Dialog mit den Deutschen und sahen ein vereinigtes Deutschland in der Europäischen Gemeinschaft als Chance.

— In Dänemark hoffte man, dass die Wirtschaftsmacht Deutschland trotz größerer politischer Bedeutung die kleineren Länder in der EG demokratisch, fair und als gleichberechtigte Partner behandeln würde.

— Daher stimmten sie sicher mit Margaret Thatcher überein, die sagte, dass manche kleine Länder denken würden, dass man die Entscheidungen Deutschlands und Frankreichs blind zu befolgen habe. Kann nicht jeder Staat seinen eigenen Standpunkt einbringen und diskutieren, auch in einem gemeinsamen Europa?

3 Wählen Sie die richtige Antwort.

1 hätten

2 habe

3 hätten

4 sei

5 hätte, wären

4 Lesen Sie den Text. Sind die Aussagen R (richtig), F (falsch) oder NA (nicht angegeben)?

1 R 2 NA 3 R 4 F (er versuchte, das Plakat zu zerreißen)
5 F (ein Kamerateam aus dem Westen hat die Szene aufgenommen)
6 R 7 F (das brutale Vorgehen schreckte sie nicht ab)
8 R

5 Übersetzen Sie den Text ins Deutsche.

> **Suggested answer**
>
> Junge Leute/Jugendliche, die in der DDR aufgewachsen sind, wussten nicht, wie das Leben im Westen war. Es war verboten, das sogenannte West-Fernsehen zu sehen, und in den Schulen hieß es, dass es viel besser sei, in der DDR zu leben als im kapitalistischen Westen. Einige Schüler wollten das jedoch nicht glauben. Und als die ersten friedlichen Montagsdemonstrationen in Leipzig begannen, gaben sie vielen DDR-Bürgern Hoffnung. Immer mehr Leute nahmen an der Protestbewegung teil und demonstrierten für Reformen und demokratische Rechte. Als die Mauer schließlich fiel, änderte sich das Leben von allen über Nacht.

6 Answers will vary.

6.2 A: Die Wiedervereinigung – Wunsch und Wirklichkeit (pp114–115)

1 Answers will vary.

2a Lesen Sie den Text und wählen Sie die richtige Antwort.

1 b, 2 c, 3 b, 4 a, 5 c, 6 b

2b Answers will vary.

2c Übersetzen Sie den letzten Abschnitt (*30 Jahre …*) ins Englische.

> **Suggested answer**
>
> 30 years after reunification, unemployment was at its lowest level since 1989. The (centrally-) planned economy was transformed into a market economy and, particularly in the fields of mechanical engineering, electrical goods industry and chemistry, there were many positive developments. The infrastructure of the old GDR was modernised in many parts of the country and life expectancy in East Germany has increased by seven years since 1989. A goal for the future must now be/It must now be an aim/goal for the future to create equality in the standard of living between the old and the new federal states. The economically-strong (federal) states in the west must continue to support the East German states, in order to extend the economic power/strength of the East.

3 Wählen Sie die richtige Antwort. Bestimmen Sie den Kasus.

1 den (accusative), des (genitive), zur (dative)
2 der (dative), der (genitive), die (accusative)
3 in den (accusative)
4 der (nominative)
5 des (genitive)

4a Hören Sie sich Naomis Gespräch mit Tina, Melik und Stefan an. Naomi hat die Folgen der Wiedervereinigung recherchiert. Was passt zusammen?

1 b, 2 c, 3 a, 4 e, 5 d

4b Hören Sie sich das Gespräch noch einmal an und beantworten Sie die Fragen auf Deutsch.

1 dass alles zu schnell ging
2 Sie wollten Reformen und mehr demokratische Rechte innerhalb der DDR. Sie wollten nicht unbedingt in die BRD eingegliedert werden.
3 Die 3 600 Betriebe der DDR haben unrentabel gearbeitet.
4 Produktivität und Wettbewerbsfähigkeit sind gestiegen, und viele Städte wurden saniert und vor dem Verfall gerettet.
5 für Einwanderer, die einen Arbeitsvertrag in der DDR hatten
6 zu Vorurteilen, rassistischer Gewalt und Brandanschlägen

> **Transcript**
>
> **Naomi**
>
> — Also, wie ihr wisst, habe ich das Thema ‚Die Folgen der Wiedervereinigung' recherchiert. Ich habe echt viel Interessantes herausgefunden, aber vielleicht habt ihr ja ein paar Fragen an mich? OK, Tina, was möchtest du wissen?
>
> **Tina**
>
> — Ich habe immer gedacht, die Wiedervereinigung sei total positiv gewesen und alle hätten sich darüber gefreut. Stimmt das denn nicht?
>
> **Naomi**
>
> — Gute Frage, Tina. Klar war es ein positives Ereignis, besonders für Verwandte und Freunde, die sich jahrelang nicht besuchen konnten, aber manchen DDR-Bürgern ging alles etwas zu schnell. Überlegt euch 'mal, vom Mauerfall bis zur Wiedervereinigung verging nur ungefähr ein Jahr! Und ihr habt vielleicht auch Bilder von den Demonstrationen damals gesehen – nicht alle wollten die DDR verlassen – es gab 'ne ganze Menge von Plakaten mit ‚Wir bleiben hier'! Das heißt, diese Demonstranten wollten Reformen und mehr demokratische Rechte, aber innerhalb der DDR. Sie

wollten nicht unbedingt in die BRD eingegliedert werden. Melik, du hast auch eine Frage?

Melik

— Würdest du sagen, dass die Wiedervereinigung wirtschaftlich ein Erfolg war?

Naomi

— Teilweise schon, muss man glaub' ich sagen. Die kommunistische Planwirtschaft war total veraltet, zum Beispiel hatten die 3 600 DDR-Betriebe unrentabel gearbeitet. Viele Firmen wurden also geschlossen und das bedeutete natürlich Arbeitslosigkeit, während unter dem kommunistischen Regime jeder eine Arbeitsstelle hatte. 20 Jahre nach der Wiedervereinigung sind die Produktivität und Wettbewerbsfähigkeit gestiegen, viele Städte wurden saniert und vor dem Verfall gerettet, aber die Gehälter und Löhne liegen immer noch unter denen im Westen … Ja, Stefan?

Stefan

— Wie schätzt du die Auswirkungen auf die Gesellschaft ein?

Naomi

— Positiv ist natürlich, dass der Lebensstandard gestiegen ist, aber andererseits waren die Folgen für viele Einwanderer in Ostdeutschland weniger gut. Sie waren ursprünglich aus anderen sozialistischen Ländern gekommen und hatten Arbeitsverträge, die nach dem Fall der Mauer oft nicht mehr lange existierten. Als dann die Arbeitslosigkeit unter den Ostdeutschen gestiegen ist, wuchsen die Vorurteile gegenüber diesen Ausländern und das führte zu rassistischer Gewalt und Brandanschlägen in Stadtteilen wie Rostock-Lichtenhagen.

5 Answers will vary.

6 Answers will vary.

6.2 B: Die Wiedervereinigung – Wunsch und Wirklichkeit (pp116–117)

1a Lesen Sie den Text und beantworten Sie die Fragen auf Deutsch.

1 Er schrieb den Roman „Helden wie wir", der auch der Wenderoman genannt wird.

2 Sie interessieren sich nicht für die sozialistischen Ideen der DDR; sie wollen mehr Selbstbestimmung.

3 Niemand sagt, was los ist, weil man Angst davor hat, verhaftet zu werden. / Wenn man sagt, wie es wirklich ist, wird man verhaftet.

4 Sie geben uns ein Gesamtbild, wie es damals in einer Kleinstadt in Ostdeutschland in den 90er Jahren war.

5 in Italien

1b Lesen Sie den Text noch einmal. Sind die Aussagen R (richtig), F (falsch) oder NA (nicht angegeben)?

1 R   2 NA   3 R
4 F (sie hatten wahrscheinlich nie damit gerechnet)
5 NA

2 Hören Sie sich den Podcast über Auswirkungen der Wiedervereinigung auf die Gesellschaft an. Wählen Sie die fünf Aussagen, die mit dem Sinn des Podcasts übereinstimmen.

Statements: 2, 3, 5, 7, 8

Transcript

— Die Auswirkungen der Wiedervereinigung auf die Gesellschaft

— Wenn man bedenkt, dass sich die Gesellschaft im westlichen Teil Deutschlands und die Gesellschaft in Ostdeutschland über vierzig Jahre hindurch in verschiedene Richtungen entwickelten, ist es nicht allzu verwunderlich, dass das Zusammenwachsen zu einer Gesellschaft ein längerer Prozess werden würde und vielleicht selbst heute, nach mehr als 25 Jahren Wiedervereinigung, noch nicht abgeschlossen ist.

— Während das kapitalistische System auf dem Prinzip der Wettbewerbsfähigkeit basierte, das eigenständiges Denken und Handeln voraussetzte, war die Grundlage des kommunistischen Systems eine Planwirtschaft, von deren Fünf-Jahresplan niemand abweichen durfte. Da die Sozialistische Einheitspartei die Bedürfnisse aller seiner Bürger repräsentierte, musste man sich nur nach der Parteilinie richten und für alles war gesorgt, für eine Arbeit sowie eine Wohnung. In den Schulen und an den Universitäten waren die Lehrpläne auf die sozialistische Ideologie hin ausgerichtet.

— Das alles änderte sich nun innerhalb eines Jahres. Die Lehrpläne konnten umgeschrieben und die Marktwirtschaft eingeführt werden, aber nicht die Einstellung der Menschen.

— Daher ist es nicht verwunderlich, dass sich Begriffe wie ‚Ossis' und ‚Wessis' mit den jeweiligen Stereotypen bildeten. Also die arroganten, reichen Wessis auf der einen Seite, die glaubten, ihr System sei natürlich viel besser. Und die faulen, armen Ossis auf der anderen Seite, deren Denk- und Lebensweise veraltet war.

— Nach der Öffnung der Grenzen bekamen Ostdeutsche, die den Westen besuchten oder sich im Westen niederlassen wollten, Begrüßungsgeld. In ganz Deutschland wurde der sogenannte Solidaritätszuschlag zum Aufbau des Ostens eingeführt. Das heißt, jeder Steuerzahler in Ost und West trägt sozusagen zum Aufbau eines Gesamtdeutschlands bei.

— Kein Wunder, dass sich viele im Osten als die armen Verwandten fühlten.

— Dieses ‚ihr' und ‚wir' gab es aber anfangs nach der Wiedervereinigung auch in der Kunst und in der Literatur. So dauerte es Jahre bis endlich im Jahr 2009 die erste Ausstellung über DDR-Kunst und -Künstler in Berlin stattfand. Denn für einige Künstler im Westen war die Kunst des sozialistischen Realismus keine Kunst, da sie vom Staat gefördert und dadurch kontrolliert worden war.

— Ähnlich war es mit der Literatur. Im Westen waren einige der Meinung, dass man die DDR-Literatur nicht ernst nehmen könne, da nur die Literatur, die von dem Regime gebilligt worden war, veröffentlicht werden durfte. Und es wird sich zeigen, wie lange es noch dauern wird, bis die deutsche Gesellschaft wirklich wieder eins geworden ist.

3 Übersetzen Sie den Text ins Deutsche.

Suggested answer

Die Öffnung der Grenze und der Berliner Mauer bedeutete auch, dass Schriftsteller, Theater Regisseure, Maler und Musiker ihre Werke im anderen Teil Deutschlands zeigen und aufführen konnten. Kurz nach dem Fall der Mauer/dem Mauerfall gab das philharmonische Orchester Berlins ein Sonderkonzert für die Bürger der DDR. Rocksänger aus dem Osten gaben zusammen mit Rocksängern aus dem Westen Konzerte. Auch konnten die Westdeutschen berühmte kulturelle Städte/Kulturstädte im Osten wie Leipzig, Dresden oder Weimar wieder besuchen.

4 Answers will vary.

5 Answers will vary.

6.3 A: Alte und neue Bundesländer – Kultur und Identität (pp118–119)

1 Arbeiten Sie mit einer Partnerin/einem Partner zusammen. Wie heißen die deutschen Bundesländer? Machen Sie eine Liste mit den alten und den neuen Bundesländern. Vergleichen Sie dann in der Klasse.

alte: Schleswig-Holstein, Bremen, Hamburg, Niedersachsen, Nordrhein-Westfalen, Hessen, Rheinland-Pfalz, Saarland, Baden-Württemberg, Bayern,

neue: Mecklenburg-Vorpommern, Brandenburg, Berlin, Sachsen-Anhalt, Thüringen, Sachsen

2a Lesen Sie die Beschreibungen von drei der fünf neuen Bundesländer. Welches Bundesland wird beschrieben? Sie können auch im Internet nachschauen.

1 Mecklenburg-Vorpommern
2 Thüringen
3 Sachsen-Anhalt

2b Lesen Sie den Text noch einmal und übersetzen Sie den ersten Abschnitt (*Dieses neue Bundesland … Sandstränden.*) ins Englische.

Suggested answer

This new federal state is a thinly-populated rural country with numerous mansions and castles and no fewer than 650 lakes, where you can still see storks and eagles. Picture-perfect fishing villages/ Fishing villages that look as if they come straight out of a picture book and picturesque seaside resorts on the Baltic Sea are popular holiday destinations for tourists in summer, as is the well-known harbour town Rostock. Since more tourists from the West can now spend their holidays on the Baltic Sea coast, many new hotels have been built and opened in the last few years, particularly spa hotels and holiday homes. Another attractive holiday destination for island lovers is the Island of Rügen in the Baltic Sea, with its white cliffs and wide sandy beaches.

2c Lesen Sie den Text (Seite 118) noch einmal und beantworten Sie die Fragen auf Deutsch.

1 Es gibt viele Herrenhäuser und Schlösser, sowie malerische Badeorte und Fischerdörfer und die bekannte Hafenstadt Rostock.

2 Sie ist für die Kreidefelsen und weiten Sandstrände bekannt.

3 Die Dichter Johann Wolfgang von Goethe und Friedrich Schiller, und der Musiker Franz Liszt lebten dort.

4 Es besteht zu 33% aus Wald.

5 Halle (an der Saale) und Dessau

6 das Wohnhaus des Reformators Martin Luther

3 Übersetzen Sie die Sätze ins Deutsche.

1 Wenn Deutschland immer noch geteilt wäre, wäre Berlin nicht die Hauptstadt.

2 Hätte sie gewusst, wie berühmt Weimar war, hätte sie mehr über die Geschichte der Stadt herausgefunden.

3 Wir hätten gern in Bayern studiert, wenn München nicht so teuer wäre.

4 Wenn die Industrie in der ehemaligen/früheren DDR nicht so veraltet gewesen wäre, hätten weniger Fabriken geschlossen.

4a Hören Sie sich die Reportage über Baden-Württemberg an. Sind die Aussagen R (richtig), F (falsch) oder NA (nicht angegeben)?

1 R   2 R   3 NA   4 F (1 230 Museen)
5 F (aus der EU und der Türkei)
6 F (Freiburg ist die sonnigste Stadt)

4b Answers will vary.

Transcript

— In Baden-Württemberg gehen Tradition und Fortschritt Hand in Hand. Die Kreativität, das Wissen und Engagement seiner Landsleute haben dazu beigetragen, dass Baden-Württemberg eine der erfolgreichsten Regionen Deutschlands geworden ist. Das Land ist geprägt durch vielseitige Landschaften und ist bekannt für seine hohe Lebensqualität.

— Baden-Württemberg ist das drittgrößte Bundesland und grenzt im Westen an Frankreich und im Südwesten an die Schweiz. Der Rhein bildet eine Verbindung zur Nordsee und die Donau zum Osten Europas. Der Bodensee, auch ‚Schwäbisches Meer' genannt, liegt im Südosten des Landes und ist einer der größten Süßwasserseen der Welt. Die bekannteste Stadt auf der deutschen Seite des Bodensees ist Konstanz.

— Baden-Württemberg hat ungefähr 10,88 Millionen Einwohner, davon sind 50,6% Frauen. 2012 kamen 315 181 Zuwanderer in das Bundesland, während 249 375 Menschen Baden-Württemberg verließen. Die meisten Zuwanderer kommen aus EU-Ländern und der Türkei.

— Dass Kunst und Kultur das Land prägen, sieht man an der reichhaltigen Kulturlandschaft. Es gibt 1 230 Museen in Baden-Württemberg, von der Staatsgalerie in Stuttgart, der Landeshauptstadt bis zu regionalen Heimatmuseen. Das Land rühmt sich auch seiner angesehenen Filmakademie in Ludwigsburg und der ersten Popakademie in Mannheim.

— Heidelberg und Freiburg, die sonnigste Stadt Deutschlands, sind beides bekannte und renommierte Universitätsstädte und bei Studenten und Touristen gleichermaßen beliebt.

— Mit rund 49 Millionen Übernachtungen pro Jahr ist Baden-Württemberg das zweitbeliebteste Reiseland innerhalb Deutschlands. Besonders Feinschmecker zieht es hierher, 67 von 286 deutschen Sternerestaurants befinden sich hier. Auch kommt der beste Koch Deutschlands aus dieser Region. Kulinarische regionale Spezialitäten sind Zwiebelrostbraten mit Spätzle oder schwäbische Maultaschen und natürlich die beliebte Butterbrezel und Schwarzwälder Kirschtorte. Auch der Weinbau – Badischer Wein aus von der Sonne verwöhnten Weinbergen – und die Bierbrauerei sind sehr wichtig

für das Land. Für die hohe Kunst des Bierbrauens ist auch die Ganter Brauerei in Freiburg bekannt, in der man im Biergarten die verschiedenen Biersorten in gemütlicher Atmosphäre genießen kann.

5a Answers will vary.

5b Answers will vary.

6 Answers will vary.

6.3 B: Alte und neue Bundesländer – Kultur und Identität (pp120–121)

1 Lesen Sie den Auszug aus dem Roman „Zonenkinder" und wählen Sie die richtige Antwort.

1 b, 2 c, 3 b, 4 b

2 Hören Sie sich das Interview mit Tobias und Ilona aus den Stadtstaaten Berlin und Bremen an. Beantworten Sie die Fragen auf Deutsch.

1   seit der Wiedervereinigung
2   der regierende Bürgermeister und der Senat
3   Es ist auch die Hauptstadt von Deutschland und die größte deutsche Stadt.
4   im Rathaus Schöneberg
5   Er besteht aus zwei Städten/aus Bremen und Bremerhaven. Es ist eine Freie Hansestadt, und eine unabhängige Stadt seit dem 13. Jahrhundert.
6   Er ist ein wichtiger Arbeitgeber.

Transcript

Moderatorin

— Guten Tag, liebe Zuhörer und Zuhörerinnen. Zu unserer heutigen Sendung haben wir zwei junge Leute aus den sogenannten Stadtstaaten Berlin und Bremen eingeladen. Tobias, du bist aus Berlin und Berlin ist ein Stadtstaat. Was bedeutet das eigentlich?

Tobias

— Also, so viel ich weiß, wurde nach der Wiedervereinigung beschlossen, dass Berlin nicht in das Bundesland Brandenburg integriert werden würde, sondern ein Stadtstaat bleiben sollte. Das heißt, Berlin hat seine eigene Landesregierung und seine eigene Landesflagge. An seiner Spitze steht der regierende Bürgermeister. In den anderen Bundesländern steht der Ministerpräsident an der Spitze. In Berlin nennt man die Landesregierung Senat.

Moderatorin

— Dann hat Berlin also mehrere Rollen, denn es ist ja auch die Hauptstadt der Bundesrepublik.

Tobias

— Das stimmt, Berlin ist Deutschlands Hauptstadt, ein Stadtstaat mit 12 Bezirken und eben auch die größte Stadt in der Bundesrepublik.

Moderatorin

— Und wo hat der Senat seinen Sitz?

Tobias

— Der Senat und der regierende Bürgermeister haben ihren Sitz im Roten Rathaus auf dem Alexanderplatz und das Berliner Parlament, also das Abgeordnetenhaus ist seit 1995 das Rathaus Schöneberg.

Moderatorin

— Vielen Dank, Tobias. Jetzt kommen wir zu Ilona. Du kommst aus Bremen, stimmt's?

Ilona

— Nicht ganz, ich komme zwar aus dem Bundesland Bremen, aber aus Bremerhaven. Der Stadtstaat Bremen besteht nämlich aus den beiden Städten Bremen und Bremerhaven. Er ist das kleinste deutsche Bundesland mit 664 000 Menschen.

Bremen ist eine Freie Hansestadt. Vielleicht sollte ich noch sagen, dass eine Hansestadt eine Handelsstadt ist, die im Mittelalter zu dem Städtebund der Hanse gehörte. Diese Städte waren durch ihren Handel oft sehr reich. Und ganz interessant finde ich auch, dass die Stadt schon im 13. Jahrhundert ihre Unabhängigkeit erhielt und immer noch unabhängig ist.

Moderatorin

— Das ist wirklich interessant. Ich habe gehört, Bremen hätte auch den zweitgrößten Seehafen Deutschlands?

Ilona

— Ja, Hamburg hat den größten, aber für Bremen ist der Hafen sehr bedeutend – viele arbeiten da.

Moderatorin

— Bremen liegt ja im Norden, nicht?

Ilona

— Ja, und um den Stadtstaat herum liegt ja das Bundesland Niedersachsen. Wie Berlin und Hamburg hat auch Bremen sein eigenes Landeswappen und eine Landesflagge.

Moderatorin

— Und das war es wieder einmal für heute. Vielen Dank, Ilona und Tobias, und bis nächste Woche zur gleichen Zeit.

3a Schauen Sie sich die Bilder an und beantworten Sie die Fragen auf Deutsch.

> **Suggested answer**
>
> 1 Das Bundesland ist Baden-Württemberg, es liegt in Südwestdeutschland. Die Hauptstadt ist Stuttgart. Das Land ist bekannt für seine Spezialitäten, wie Spätzle. Das sind selbstgemachte Teigwaren. Das Land ist auch bekannt für die Stadt Heidelberg mit einer der ältesten und bekanntesten Universitäten Deutschlands.
>
> 2 Jedes Bundesland hat seine eigene Landesregierung und Landeshauptstadt. Es gibt auch zwei Stadtstaaten: Hamburg und Bremen.
>
> 3 im Osten gibt es noch viele Wohnblocks aus der DDR-Zeit, die Industrie hat sich verbessert, aber muss noch weiterentwickelt werden; es gibt immer noch mehr Touristen im Westen, aber der Osten soll auch für Touristen interessanter gemacht werden.

3b Answers will vary.

4 Answers will vary.

Wiederholung: Zeigen Sie, was Sie gelernt haben! (p122)

1 Füllen Sie die Lücken mit dem richtigen Wort aus.

1 Wende	4 Folge, Kehrseite
2 Während, heute	5 saniert, Verfall
3 Vor, umfunktioniert	

2 Füllen Sie die Lücken mit dem Artikel im richtigen Kasus aus.

1 des, die	5 den
2 den / einen, die	6 dem, die
3 das, einem	7 den, die
4 den, der	

3 Verbinden Sie die Satzhälften.

1 c, 2 e, 3 a, 4 f, 5 d, 6 b

Wiederholung: Testen Sie sich! (pp123–125)

1a Sie hören ein Gespräch zwischen Kavita, Florian und Lena über die Bundesländer, in denen sie leben. Wählen Sie die fünf Aussagen, die mit dem Sinn des Gespräches übereinstimmen.

Statements: 2, 6, 7, 8, 9

1b Hören Sie sich das Gespräch noch einmal an und füllen Sie die Lücken mit dem richtigen Wort aus.

1 Ostsee, Nordsee
2 Hansestadt
3 Bevölkerungszahl
4 Tourismus
5 Region

Transcript

Kavita
— Also, Florian, ich weiß zwar wie du heißt, aber nicht woher du kommst? Deinem Dialekt nach zu schließen, kommst du sicherlich nicht aus Bayern, stimmt's?

Florian
— Haha, da hast du total Recht, Kavita. Ich komme nämlich aus dem Norden und zwar aus Lübeck – das ist eine alte Hansestadt in Schleswig-Holstein.

Kavita
— Lena, du kommst doch auch aus dem Norden von Deutschland, oder nicht?

Lena
— Ja, eigentlich schon, ich wohne in Nordrhein-Westfalen, dem bevölkerungsreichsten Bundesland, eben nördlich des Mains aber mehr im Westen. Ist Schleswig-Holstein nicht das nördlichste Bundesland, Florian?

Florian
— Genau, es liegt zwischen Nord- und Ostsee und es ist auch flächenmäßig das zweitkleinste Land der Bundesrepublik. Hier leben etwa 2,8 Millionen Einwohner und ungefähr 50 000 davon sind Dänen. Denn durch seine Lage ist die Geschichte von Schleswig-Holstein mit Dänemark verbunden.

Lena
— Viel Industrie gibt es da oben bestimmt nicht, oder?

Florian
— So allgemein kann man das echt nicht sagen, Lena. Früher gab es viel Agrarwirtschaft und Schiffsbau, während heute Hi-Tech-Branchen wie Medizin, Energie- und Umwelttechnik, aber auch maritime Wirtschaft wichtig sind und …

Kavita
— Aber…

Florian
— Wie bitte, Kavita?

Kavita
— Wo arbeiten die meisten Menschen in Schleswig-Holstein?

Florian
— Na ja, der Tourismus spielt wirklich eine große Rolle und es ist ziemlich einfach einen Sommerjob in einem Hotel oder einem Campingplatz an der Küste zu bekommen. Wolltest du auch noch etwas fragen, Lena?

Lena
— Ähm, ja. Was läuft denn so kulturell ab?

Florian
— Schon eine ganze Menge. Du solltest mal nach Lübeck kommen. Da gibt es das Buddenbrookhaus – ihr wisst ja, Thomas Mann? Also, seine Werke und auch die seines Bruders Heinrich sind dort ausgestellt. Und im Sommer gibt es halt Musikfestivals und so. Und du Kavita, du kommst aus dem Saarland, oder nicht?

Kavita
— Mhm, ja ich wohne in Saarbrücken, der Hauptstadt des Saarlandes, was ja auch eines der kleinsten Bundesländer ist und gerade mal knapp über eine Million Einwohner hat.

Lena
— Stimmt es, dass im Saarland jeder Französisch spricht, da es ja an Frankreich grenzt?

Kavita
— Nee, so ist es auch nicht, aber die Kultur und auch die Gastronomie sind schon durch französische Einflüsse geprägt. Bis 1949 war es ein französisches Protektorat, danach eine selbständige Region und erst 1957 trat das Saarland der Bundesrepublik bei.

2 Lesen Sie den Text und beantworten Sie die Fragen auf Deutsch.

1 Bayern hat die meisten landwirtschaftlichen Betriebe in Deutschland. Mehr als 300 000 Leute arbeiten in der Landwirtschaft.

2 Es gibt jetzt Rockmusik in Lederhosen und bayrischem Dialekt.

3 12% der Bayern arbeiten in der Hochtechnologie.

4 Es ist der größte Nahrungsmittelproduzent in Deutschland.

5 Sie wählen konservativ: CSU. Seit 1946 gab es nur einen SPD-Ministerpräsidenten.

3 Lesen Sie den Text und beantworten Sie die Fragen auf Deutsch.

1 Sie sieht sie positiv, besonders den Ausbau des Verkehrsnetzes sowie die Verbesserung des Gesundheitswesens/die Schaffung von Schulen und Wohnungen / die Angleichung der Lebenserwartung.

2 Die Wirtschaftskraft der neuen Bundesländer ist noch schwächer / muss noch gestärkt werden.

3 Es gibt immer noch Klischees und Vorurteile, die man abbauen muss.

4 der Abstand zwischen Ost und West/Die Ostdeutschen werden für die Defizite verantwortlich gemacht.

5 Es ging zu schnell und es war keine gleichberechtigte Vereinigung.

6 weil 44% der Ostdeutschen aber nur 18% der Westdeutschen ihn für weiterhin erforderlich halten

4 Übersetzen Sie den Text ins Englische.

> **Suggested answer**
>
> The government department responsible for the development of the new federal states put together a survey on the occasion of/for the 20th anniversary of the peaceful revolution and the fall of the wall. The Berlin GDR Museum published the results of this survey/questionnaire. It turned out that, on being asked the question, "How do you judge life in the GDR retrospectively?", 57% in total of East Germans today, 20 years after reunification, see life in the GDR as totally or predominantly positive. However, the opinion of the people questioned about the market economy, but also about democracy, was negative.

5a Sie hören ein Gespräch zwischen einem Ostdeutschen, Herrn Heim, und einer Westdeutschen, Katya, über die Erinnerungen an die DDR. Wählen Sie die richtige Antwort.

1 b, 2 c, 3 a, 4 b, 5 b

5b Answers will vary.

> **Transcript**
>
> **Katya**
>
> — Zuerst einmal vielen Dank, Herr Heim, dass Sie sich Zeit genommen haben, um meine Fragen zu beantworten. Ich mache ein Projekt zum Thema ‚Erinnerungen an die DDR'.

Herr Heim

— Kein Problem, das Thema ihrer Projektarbeit interessiert mich natürlich besonders, da ich ursprünglich aus der ehemaligen DDR komme.

Katya

— Also, meine erste Frage wäre: Warum, glauben Sie, trauern so viele Ostdeutsche der DDR nach? Haben sie das Schlangestehen vor den Geschäften vergessen oder die langen Wartezeiten auf einen Trabant, also das DDR-Auto überhaupt?

Herr Heim

— Tja, es ist schon komisch eigentlich und für Westdeutsche bestimmt total unverständlich, aber es ist ja manchmal so, dass man die negativen Aspekte vergisst und sich daher lieber an die Spreewaldgurken oder den guten alten Rotkäppchen Sekt – das war eine typische Ost-Marke – erinnert. Nach der Wiedervereinigung verschwanden viele dieser Marken, weil sie den westlichen Ansprüchen nicht mehr genügten.

Katya

— Spreewaldgurken und Rotkäppchen Sekt, das ist ja ziemlich harmlos aber zu vergessen wie unfrei die DDR-Bürger eigentlich waren – die Bespitzelungen durch die Stasi, die Vernachlässigung der Städte und vor allem auch die Verschmutzung der Umwelt – das verstehe ich irgendwie nicht.

Herr Heim

— Inzwischen sind ja mehr als zwanzig Jahre vergangen, und es sind meiner Ansicht nach vor allem Leute, die heute zwischen fünfzig und sechzig Jahre alt sind, die diese Nostalgie oder Ostalgie, wie sie allgemein genannt wird, fühlen. Für manche dieser Generation passierte die Vereinigung der beiden Staaten viel zu schnell.

Katya

— Würden Sie sagen, dass vielleicht auch Filme wie ‚Good Bye, Lenin!' ein bisschen dazu beigetragen haben?

Herr Heim

— Das ist durchaus möglich, obwohl es natürlich auch Filme wie „Das Leben der Anderen" oder „Die Architekten" gab, die das Leben unter dem Stasi-Regime ziemlich realistisch darstellten. Ein Grund, finde ich, ist eben auch, dass viele von der profitorientierten Marktwirtschaft enttäuscht sind, da es einfach immer noch Arme und Reiche, sowie Ungleichheit gibt und es auch in einem demokratischen Rechtsstaat zu Ungerechtigkeiten kommt.

Katya

— Vielen Dank Herr Heim – unser Gespräch wird mir bei meinem Projekt sehr viel helfen.

6 Answers will vary.

7 Lesen Sie den Artikel und übersetzen Sie dann den Text unten ins Deutsche.

> **Suggested answer**
>
> Ein anderes/weiteres Beispiel, das zeigt, dass es noch/immer noch Unterschiede zwischen dem Osten und dem Westen gibt, sind die Renten von Frauen/der Frauen. Im Jahr 2015 erhielten westdeutsche Frauen eine Durchschnittsrente von 635 Euro. Das sind ungefähr 13% mehr als im vorherigen Jahr/im Jahr zuvor. In den neuen Bundesländern jedoch stieg der monatliche Betrag nur um 2,4%. Es ist daher wichtig, dass die Politiker das berücksichtigen, wenn sie die nächste Rentenreform für Frauen planen, die in den nächsten 20 Jahren in Rente gehen.

A Level skills

1 Filmdossier: *Das Leben der Anderen* (pp128–129)

1 Answers will vary.

2a Finden Sie die passenden Definitionen für die vier Filmgenres.

1 c, 2 a, 3 d, 4 b

2b Was für ein Film ist „Das Leben der Anderen"? Wählen Sie das richtige Genre (1–4).

3 (historisches Gesellschaftsdrama)

3 Lesen Sie die Zusammenfassung des Films „Das Leben der Anderen" und füllen Sie die Lücken mit dem richtigen Wort aus der Liste aus.

1 Kontrolle   4 moralischen

2 Schriftsteller   5 freies

3 Beobachtung   6 Versuche

4 Sehen Sie sich die ersten zehn Filmminuten an und beantworten Sie folgende Fragen. Dann vergleichen Sie Ihre Antworten mit einer Partnerin/einem Partner.

> **Suggested answers**
> 1 Dort werden regimekritische DDR-Bürger eingesperrt und verhört.
> 2 Er installiert eine Abhöranlage in Dreymans Wohnung.
> 3 Er findet ihn ‚exotisch' und sieht ihn negativ.
> 4 Er ist eifersüchtig auf ihn, weil er mit Christa-Maria zusammen ist.

5a Übersetzen Sie die englischen Schlüsselwörter für den Film ins Deutsche.

1 das Verhör

2 der Verrat

3 der Dissident

4 abhören

5 Inoffizieller Mitarbeiter (IM)

6 der Geheimdienst

7 das Ministerium für Staatssicherheit (Stasi)

8 die Schreibmaschine

5b Answers will vary.

6a Bringen Sie die Zusammenfassung des Filmes in die richtige Reihenfolge.

4, 6, 3, 1, 2, 5

6b Übersetzen Sie die Zusammenfassung ins Englische.

> **Suggested answers**
> Hauptmann Gerd Wiesler attends the premiere of a play by the writer Georg Dreyman with his former university friend Anton Grubitz, the head of the main department in the Ministry for State Security. Wiesler organises the secret electronic surveillance of Dreyman's apartment from the attic. A neighbour sees everything, and Wiesler threatens her with the Stasi. Dreyman secretly writes an article on a typewriter about the high suicide rate in the GDR for the West German news magazine 'Der Spiegel'. The Stasi arrests Christa-Maria and wants to know from her where Dreyman has hidden the typewriter. She tells them. Wiesler loses his job with the Stasi because he had falsified the evidence from bugging the apartment in favour of the artist couple. After the fall of the Wall, Dreyman finds out that the Stasi had been listening to him in his apartment for a long time. He finds out the identity of the Stasi agent who first spied on him and then protected him later.

7a Answers will vary.

7b Übersetzen Sie die Charakterbeschreibung von Minister Hempf ins Deutsche.

> **Suggested answer**
> Der einflussreiche Minister für Kultur ist Mitglied des Zentralkomitees der SED und hat sehr viel Macht – wie ein Theaterregisseur kontrolliert er ‚was gespielt wird, wer spielt und wer alles in Szene setzt'. Er hat keine Gefühle, aber er will unbedingt eine Affäre mit Christa-Maria Sieland haben, weil er sie schön findet. Dafür ist er bereit, Georg Dreymans Karriere zu zerstören.

7c Answers will vary.

8 Answers will vary.

9 Answers will vary.

2 Literaturdossier: *Der Besuch der alten Dame* (pp130–131)

1 Answers will vary.

2a Lesen Sie die Zusammenfassung des Theaterstücks „Der Besuch der alten Dame" und füllen Sie die Lücken mit dem richtigen Wort aus der Liste aus.

1 Milliardärin
2 finanziell
3 Tod
4 Geldes
5 öffentlich
6 ermordet

2b Übersetzen Sie die Zusammenfassung ins Englische.

> **Suggested answer**
>
> After 45 years, the billionaire Claire Zachanassain returns to her hometown of Güllen, which is close to economic ruin. The people of Güllen hope that Claire will help them financially, and they all gather for a festive reception at the train station. Claire does (indeed) promise (to donate) a billion, but wants the death of her former lover Alfred. 45 years ago, he denied being the father of their child and Claire left the city humiliated. At first, the people of Güllen reject the offer, but the power of money – and what can be bought with it/the associated consumption – is stronger. This is why the mood against Alfred changes and he is publicly attacked. He finally resigns himself to his fate and is murdered during a show trial by the men of the city. The mayor receives the promised cheque from Claire and the people of Güllen cheer/hail the new prosperity.

3a Die zwei wichtigsten Drama-Arten sind die Komödie und die Tragödie. Was ist was?

1 Tragödie
2 Komödie

3b Answers will vary.

4a Übersetzen Sie die englischen Schlüsselwörter für das Stück ins Deutsche.

1 der Zufall
2 die Schuld
3 das Unrecht
4 die Gerechtigkeit
5 die Moral
6 die Armut
7 die Macht
8 die Rache
9 das Recht
10 das Reichtum

4b Answers will vary.

5a Lesen Sie die Beschreibung vom Bürgermeister und übersetzen Sie sie ins Deutsche.

> **Suggested answer**
>
> Güllens Bürgermeister unterstützt Alfred zunächst und ist strikt dagegen, ihn zu ermorden. Doch im Laufe der Zeit ändert sich seine Meinung - die Meinungen der Bewohner von Güllen und die Aussicht auf das ganze Geld gewinnen gegen seine moralischen Überzeugungen. Darüber hinaus unterstützt er bei ihrem Besuch immer mehr die Position von Claire Zachanassian in der Stadt und schlägt Alfred offen vor, Selbstmord zu begehen.

5b Answers will vary.

6 Lesen Sie die Zitate. Was ist damit gemeint? Wählen Sie die richtige Antwort.

1a, 2c, 3c, 4b

7a „Der Besuch der alten Dame" besteht aus drei Akten. Woraus besteht jeder Akt eines typischen Theaterstückes? Finden Sie die passende Erklärung.

1b, 2c, 3a

7b Answers will vary.

7c Answers will vary.

8 Answers will vary.

9 Answers will vary.

3 A: Comprehension skills for literary texts (pp132–133)

1 Lesen Sie den Text und wählen Sie die englischen Wörter, die den deutschen Begriffen unten entsprechen.

1f, 2c, 3b, 4e, 5a, 6d

2 Lesen Sie den Text noch einmal und füllen Sie die Lücken mit dem richtigen Wort aus.

1 das Häusliche
2 verliebt
3 habgierig
4 nicht unglücklich
5 unterschiedlich

3 Lesen Sie den Text noch einmal. Ist das Charlotte oder Eduard?

1 Charlotte

2 Eduard

3 Eduard

4 Eduard

5 Charlotte

4 Finden Sie die passende Verbindung zwischen den Sätzen, dann versuchen Sie, die Sätze zu trennen. Wie ändert sich der Stil?

1 deren

2 wo

3 dass

4 da/weil, dass

5 damit/sodass

5 Übersetzen Sie den Text ins Englische.

Suggested answer

In the end, I did not want to deny you what you seemed to see as your sole happiness. You wanted to recover at my side from all the troubles you had experienced, but only with me alone.

I have seen friends whose relationship was completely changed by the arrival of a new person, whose situation was turned upside down.

3 B: Comprehension skills for literary texts (pp134–135)

1 Lesen Sie das Gedicht. Finden Sie Wörter im Gedicht, die mit den Begriffen unten zusammenhängen.

1 pfeift, Tanz, singet, spielt, Geige, streicht

2 schaufeln, Grab, Erde, Erdreich, stecht, Spaten

3 Lüfte, Sterne, Rauch, Luft, Wolken

4 Frühe, abends, mittags, morgens, nachts

2 Welche Figuren im Gedicht sind mit welchen Assoziationen verbunden? Verbinden Sie die Paare.

1 a, 2 c, 3 b, 4 d

3 Lesen Sie das Gedicht noch einmal. Sind die Aussagen R (richtig), F (falsch) oder NA (nicht angegeben)?

1 R 2 F (immer) 3 R 4 NA
5 F (depending on the interpretation, he may have snakes and there are also dogs)

4 Übersetzen Sie die beiden letzten Strophen des Gedichts (*Schwarze Milch ... Sulamith*) ins Englische.

Suggested answer

Black milk of the dawn, we drink you at nightfall

we drink you at noon, death is a master from Germany

we drink you in the evening(s) and morning(s) we drink and drink

death is a master from Germany, his eye is blue

he hits you with a lead bullet, he hits you precisely/ it is a direct hit

a man lives in the house, your golden hair Margarete

he sets his dogs on us, he sends us to a grave in the sky

he plays with his vipers and dreams that death is a master from Germany

your golden hair Margarete

your ashen hair Sulamith

5 Dativ oder Akkusativ? Wählen Sie das richtige Wort.

1 einem

2 seiner, einen

3 den, ein

4 den

5 den, ein

4 Individual research project (pp136–139)

Answers will vary.

Notes